大展好書 好書大展

大展好書 好書大展

社會人智囊

2

創造關鍵術

淺野八郎 著
沈清課 譯

大展出版社有限公司

目錄

前　言

第二章　利用商業工具掌握「關鍵」

第三章　掌握幸運的「關鍵」

目　錄

前言

最初的三分鐘內製造出「關鍵」

西元一九九二年是動搖多變的一年。

這年的政治醜聞，就是日本前首相宇野，因爲女性問題，而引起國際話題。事情的發端，原來是他深受一位演藝人員的吸引。車子通過神樂坂時，看到一位站在街上說話的女性，她擁有宇野所喜歡的美麗額頭，於是宇野故意下車，想要看清楚些，愈看就愈是深受吸引。

這位後來成爲醜聞事件女主角的，就是前演藝人員——中西小姐。

人的一生，可能就因爲這一些偶然而改變。如果，當時宇野先生沒有發現這位女性，也許還能保住宇野內閣以及政權。事實上，人的一生像宇野先生這樣，因爲一點關鍵，而受到影響的情形非常多。問題的關鍵，就在於最初的三分鐘。

在歐美，這種關鍵的研究也非常盛行。最有趣的是，法國人所出版的書中，很多書名都是「最初的五分鐘」；而美國的書名大多是「最初的四分鐘」。也就是說，最初的關鍵時刻，可能只有四到五分鐘的相遇或談話。然而，卻成爲關鍵的所在。

日本人則認爲，更短時間內的初次見面，會造成影響，因此，大多數的書都以「最初的三分鐘」來命名。

這到底是不是事實，我們不得而知。不過，明治維新時期，江戶城將開時，商量是否要發動官軍總攻擊的會談，官軍方面由西鄉隆盛代表，幕府方面則由勝海舟代表，兩人在品川見面。這次會面，大家以爲會引發一場激烈的大辯論，但兩人見面後，卻只是凝視著對方，默默無語，三分鐘後，兩人只說了句「知道了！」便分手。

日本人把這種相遇，視爲男性的象徵，勇者的畫面，而這類的趣聞軼事也經常流傳。他們認爲，男人絕對不可以花費冗長的時間，嘮嘮叨叨的傳達自己的心情，在短時間內以心靈溝通，兩心相知是最重要的。因此，初次見面時，如何在三分鐘內，將自己的心意傳達給對方，並了解對方，才是男人能夠出人頭地的條件。

不過，這種三分鐘型的人類接觸，在現代已經機能化。在現在電腦化的時代，已經不像古代一樣，可以花很多時間，將自己的心意表達給對方知道，或說服對方，不再具有心靈或時間的餘裕。因此，初次見面的三分鐘，是關鍵時刻，到底要如何加以活用，變得更加重要了。在極短的三分鐘內，塑造自己的第一印象，如何活用自己與他人見面的三分鐘關鍵時刻，對於工作以及日常人際關係，尤其重要。

在推銷員拜訪客戶，面談的三分鐘內；爲了就職，而面談的三分鐘；或旅行時與異性邂逅、相遇的最初三分鐘；或是政治家接受新聞記者採訪的三分鐘；或者是要決定買進、賣出的證券商；或在大型工作判斷上，必須趕緊做出最後結論的三分鐘；三分鐘的關鍵時刻，可以影響許多人的命運。

以心理學的方式，分析初次見面人際關係的里奧納多·茲南認爲——初次相見，仔細觀察對方，覺得可以和這人交往的感覺，是出現於兩人見面的最初四分鐘內。不只是偶然的相遇，和新朋友對話時，能夠了解對方的心情，平均起來，以最初的四分鐘最重要。

如果，能巧妙的跨越過這最初四分鐘的障礙，就可建立親密的人際關係，並持續下去；而如果，在這四分鐘內，產生不滿或不快感，或是想要逃避對方，兩者之間，就會產生對立感情。

何謂「關鍵」？

查字典，解釋「關鍵」這個字眼，大部份都會以「開始」、「起初」來加以說明。原本，眞正的意義，應該是最重要的時機。在兩人鬥劍決勝負時，就必須要掌握這個時機，才能先發制人。

刀是個很不可思議的東西，有時，你要快速的揮刀斬殺對方，恐怕無法巧妙的揮出刀，像日本刀，不是用「力量」來切，而是用「氣」來切，打算切的對方之力量，和自己的力量，巧妙配合而揮劍時，劍才能發揮威力，這個時機，就稱爲「氣」。日本武士道的秘傳，重點就在於持劍者「氣」的修行。

談到劍道的高手，大家首先想到的，就是宮本武藏。在武藏的『五輪書』當中敘述，不只是對方的氣與自己的氣要合一，而且，也要和宇宙之氣合爲一體，述說「萬里一空」。

也就是說，劍道是注重心、氣一體化的高超技巧。

不只是劍道，與人相處或是工作中「關鍵」，也會出現很多的情形，可能對方的心和自己的心一體化，而互相感動。相信你也擁有很多這種影響一生的感動經驗。如果，不懂得掌握關鍵的技巧，可能會樹敵，也可能會在工作上，喪失了機會，甚至可能無法遇到好的異性，而失去結婚的機會。

雖然，現在可說是擁有許多「關鍵」的時代，但卻也是掌握關鍵最辛苦的時代。不過，現代成功的條件，就是——如何掌握「關鍵」，擁有再好的才能，如果無法掌握運用才能的關鍵，才能也會毫無用處。不管是再具有魅力、再美麗的女人，如果沒有能夠遇到優秀男人的關鍵，也可能平凡度過一生。

不過，無法掌握幸運關鍵，讓幸運溜走的人，大多是認爲自己運氣不好，或自己不行等想法消極的人。

可是，事實上掌握幸運的關鍵，對任何人都非常公平，充斥於大家的四周，只是很多人沒有察覺而已。在日常生活當中，擁有許多超乎各位想像的幸運關鍵，只是人們不知活用而已。

歐洲自古以來，就持續進行「關鍵的研究」。而與此相比，我國雖對於占卜或人生哲學深表關心，但是，對「關鍵」的眞正研究卻很少。

這可能是因爲受到「關鍵」不是自己創造，而是被給予的想法之影響吧！又或許是因爲民族性，認爲我們的臉型、語言都完全相同，因此，這些人生活在一起，不必太過注重人際關係或去了解對方，不必多花工夫與對方接觸，也能夠順利的生活下去，可能是這種歷史因素所造成的背景。

例如，鄉下人來到城市生活，不必在語言上辛苦的學習，在接觸時，只要看到對方的表情，就能夠心意相通。但是，在歐洲、美國的情形又如何呢？由於是各種人種的集合體，因此，許多國家的人，移居在國境內共同生活，不只語言不同，連習慣或臉龐都不同，如果不小心謹愼接觸對方，可能會招致損失，甚至認爲會遇到危險，而避開他人，結果工作無法進行下去。

與不了解的人一起生活，小心謹愼的與對方交往。在買賣交易上，必須要運用技巧，好好的與對方周旋。因此，與我國相比，歐美對「關鍵」的研究，抱持關心的人較多。

由於經濟不斷成長，移居海外的國人也增多，到歐美觀光、訪問的旅行團體也逐年增加，但國人還是受人討厭。

這是因爲移居海外的國人，只與當地的同胞交往，而不與其他國家的人溝通。雖得到了語言交往的機會，卻不懂得如何創造關鍵。不只是因爲對外語沒有自信，而是根本不具有能創造關鍵的功夫所致。因此，要使我國走向國際化，應該要多下工夫，創造與人交往的關鍵。

「關鍵」研究的海外情況

美國心理學會非常重視「相遇」，將其視爲是新心理學的運動，受人注目，這是始於一九七〇年代。一九六〇年代後半期起至一九七〇年代，在美國興起新人類恢復的心理學運動，非常重視人與人之間的「相遇」。尤其是提倡顧主中心療法諮詢的卡爾·洛佳斯的團體相遇療法，引人注目。這是爲了使越戰後混亂的美國社會再度恢復健康的人際關係，而採用的心理療法。主要目的，是藉著與人相遇，而再發現迷失的自己，更順利的實現自我。

這個心理學的運動，主要在加州展開。在洛杉磯創立了「人類心理學會」，包括艾力克·班、珍·福爾德等人在內，不斷的發表相遇的「關鍵」研究。對初次見面的人應如何加以判斷，並掌握其心靈動態，以此爲主題的書，陸續發表出來。

這當中成爲話題的一本書，就是茱莉亞斯·福斯特所寫的『身體語言』。此外，利用最初的四分鐘，成功的建立人際關係，創造「關鍵」的技巧的書，也陸續成爲暢銷書籍。

以往，美國的心理學，將人類視爲機械的一部份，認爲人類是行動主義者。雖然有以弗洛伊德的精神分析爲主的心理學出現，但是，認爲必須重新再評估人類，以人與人的相遇爲主，來加以探討的，就是現在的人類心理學。

比起美國以「相遇」爲主的心理學運動而言，在歐洲，尤其是法國，很早以前就再一次掀起了評估人類的運動。第二次世界大戰後，混亂的歐洲，認爲應該要重新評估人類價値觀的沙特之實存主義運動，爲關鍵所在。

想要了解人類的新智慧，陸續成爲心理學的主題。以往並未視爲問題的人相、手相、占星術等也總動員，活用於創造初次見面的相遇關鍵，尤其是路易·克爾曼及艾曼紐·姆尼耶和夏魯·歌克朗等人的研究，特別盛行。

想要在與他人初次見面時掌握關鍵，就必須要以這個人的家世、宗教或人生觀思想爲線索，與之交談、交往，才不至於使兩人意見對立，或令對方不滿。如果，想要了解或接受這個人，就必須注意他的外觀、手勢、動作，了解他目前的心理狀態，這些努力都是很重要的，藉此，就能夠掌握與任何人都能親密交往、交流的線索。

一九五〇年代的法國，人相學、手相學、占星術、筆跡判斷、血型等等「了解他人」的研究方法，成爲心理學的主題，其原因即在於此。

「關鍵」的原則——四大重點

雖然每個人都擁有提高人際關係、掌握機會的關鍵，但是，通常都會忽略關鍵所在的最初三分鐘，或五分鐘。爲了要掌握關鍵，平常的努力和工夫、智慧等都是必要的。在日常生活中，雖然會遇到很多的人，但我們都毫不關心的擦肩而過，很少去注意對方。

早上在公司裡遇到同事，你會注意他的領帶嗎？你會注意到女同事今天胸前配戴了什麼項鍊嗎？可能你根本看都不去看吧！人類的注意力、觀察力，都只會指向自己感興趣的事物，很多其他的都忽略了。

但是在這些忽略的事物當中，也許有非常重要，能夠提高人際關係的有力「關鍵」，說不定。爲了有效活用「關鍵」，必須注意四個基本原則，以下的四個重點，都是必要的。

（四項基本原則）

①養成關心、觀察事物的習慣（Interest）。
②重視「感情」（Feeling）。
③不只重視事物的表面，也要重視「感覺和靈感」（Intution）。
④隨時秉持希望，積極採取行動（Active）。

每天，對於發生在我們週遭的事物，都要活用這四項原則，去掌握「關鍵」，藉此，創造出許多新的相遇機會，在人生中，很多不可能的事情，都會因而變成可能。

東京某證券公司的女性職員，就因爲運用了這四項原則，而發現了搶劫銀行的嫌犯，成功的通知警方，將嫌犯逮捕。

在星期五的下午，一名中年男性出現在證券公司，拿著二千萬日幣現金，要購買股票。而這名女職員，一向有注意客人服裝、車子、鞋子的習慣。她發現由股票購買人的外觀上，就明白他們各具有不同的個性。

這天，這名客人的鞋子，和經常流連在店中的客人不同，是雙又髒又舊的鞋子，使她感覺很奇怪。在腦海中首先閃過的，就是秉持著「興趣」或「關心」來看人的習慣。

接著，她打從心底產生一種嫌惡感——覺得這個人眞討厭，眞不希望這人成爲我的客人。實在是很難用道理說明。

總之，她就是有種「討厭」的感覺，而使她抱持著警戒心。關鍵的第二原則「感情」，成爲她判斷的一大重點。

後來，她看到這名男子所拿出的二千萬日幣鈔票，直覺的就覺得很奇怪，因爲每疊鈔票都又髒又舊，與平常所經手的鈔票完全不同。她想起來，這些可能是無法再繼續使用，而要由銀行回收的舊紙幣。「眞是奇怪啊！」第三關鍵的原則，閃過她的腦海中。接著，她又想起早上看電視新聞時，知道了名古屋運鈔車被襲擊的事件。

她想他一定就是犯人。於是，用和平常同樣禮貌的態度接待對方，面帶微笑的對他說謝謝，表現出還是很重視對方的樣子。然後端出茶來招待他，並確定這名客人的確是搭乘由名古屋開來的車子到店中來的。因此，她趕緊通知警方。

像這種關鍵的四項基本原則，可以應用於各種例子。

與他人相遇的三分鐘，可說是能夠活用這四項原則的最佳時機，也可說是創造各種工作或決斷新發展的關鍵時間。

第一章

掌握相遇機會的「關鍵」

A 與重要人物相遇的關鍵

個人護衛的時代

追尋成功者的足跡，會發現一定有通往成功之路的叉路。而這個叉路，大多是與別人的相遇。如果是與無名者相遇，當然也有可能成爲大的關鍵，但是，最好是與在各方面都比自己優秀的人相遇，才能成爲重大的關鍵。

如果能夠遇到比自己更優秀的人，當然就隱藏著更多相遇的可能性。

因推銷而成功的人，幾乎沒有一個人是具有優秀的說服力或是行動力，每個人能做的事情畢竟有限，光靠個人的努力，根本無法完成一切事情。

以目錄販賣而聞名世界的西亞茲·洛巴特的經營者之一，洛巴特說，他在工作上的成功，並非因爲具備優秀的經營才能或能力。「比我更有才能、能力的人到處都是，但這些人與我不同的一點，就是運氣。我能夠獲得成功，百分之九十五都是靠運氣」。

但是，這個「運氣」也靠和什麼人相遇而決定。

美國月刊『成功』的創始者，堪稱推銷員之神的克雷蒙特·史東，在自己的書中，對於工作獲得成功的秘密也做了許多的陳述。而這當中，他認爲成功的第一關鍵，在於「向什麼樣的人求助」。

自己想做的工作，如果有人能夠給你任何建言，才是努力獲得成功的第一關鍵。在社會上，一定有可成爲自己力量支持者的人——建言者。如果，建言者對你所做的事情說不行，而給予否定的意見，那麼這些人的存在，就沒有意義了；至少，要能夠給予正面、積極的建言。而是否能夠發現建言者，則大多是依賴自己的態度來決定的。

由此可知，對於今後時代的推銷員而言，「個人護衛」（Personal Convoy）是必要的，但是，什麼是個人護衛呢？

何謂「個人護衛」

這名詞原本是美國海軍用語「護衛艦隊」的意思。任何強力的戰艦，如果只有一艘，當然非常脆弱。因此，需要有保衛主力戰艦的護衛艦。昔日堪稱世界第一的日本海軍戰艦「大和號」，在戰爭將結束前的最後本土決戰中，單獨出擊。雖號稱無敵戰艦，但「大和號」在出擊後數分鐘內，就被擊沈了。也就是說——沒有護衛艦的戰艦，根本就沒有力量。

推銷員也是同樣的情形。積極型的推銷員，雖然自己什麼都能做，看起來好像很能發揮實力，展現行動，但最後，還是有可能會心有餘而力不足。所以，平常就應擴展與他人的交流範圍，進行廣泛的交往。擁有會主動的幫助你，並且「想要爲你做點什麼事情」的朋友，這是很重要的。

很多成功的推銷員，就是擁有這種「個人護衛」。而所謂有推銷運，也就是因爲能夠與「個人護衛」相遇，產生好運。

能夠與誰相遇，能夠找出什麼樣的護衛，才是成功的關鍵。

受日本商界人士歡迎的經濟雜誌『經濟界』，最近在紐約成立了分公司，甚至發行了「英文版」的雜誌。這公司的老闆佐藤正忠先生，昔日被視爲學生易者，在大衆傳播界，常被加以報導爲異色人士。

這個人今日能獲得成功，就是因爲擁有「個人護衛」。透過易者的工作，經常和許多人交往，後來和當時急速發展的理光公司的市村清先生，建立密切關係，成爲社長秘書。

在當時，與其廣泛交往的人士包括五島昇、中曾根康弘、水野重雄等在日本各界相當活躍的超一流人物。如果，佐藤先生沒有遇到這「護衛」，恐怕就無法得到今日的成功了。

江戶時代也有個人護衛

昔日，就已有個人護衛的例子。

「我雖不及本間大人，但還是希望能夠爲主人……」，這裡所指的本間家，是莊內地方的豪商，而「主人」，就是譜代大名的莊內藩十四萬石的酒井家。本間家對於酒井家的財政再建，大力協助，而且在這兒也有個「相遇」的故事。幕府末期所寫的『病間雜抄』，曾談及此事，不過，根據佐藤三郎所著的『酒田的本間家』書中敘述：

酒田藩的家老，竹內常蔭大夫茂昆，正由足輕的阿部保七爲他剃頭之時，竹內潸然淚下。保七覺得很奇怪，於是詢問：

「我以不肖之身，身負藩之大任，看到主人不如意，卻沒有辦法效力，因我不材，心懷悲傷，不禁落淚。」

「談到金銀米錢，根本沒有學問，農事方面要詢問農民，財貨方面，則必須找商人商量。我向上山覺壽寺的和尚學習書法，在這兒，認識了本間久四郎（本間家第三代），和他關係頗爲親密，這個人對於貨殖之道，具有奇妙神通，請他前來商量，也許能夠得到案外奇策。」

就這樣，家老的淚水刺激了個人護衛，使得本間家能夠協助酒井家的財政再建。

那麼，應該如何創造與這些重要人物的相遇「關鍵」呢？

立花證券會長石井久先生，十五歲時就在社會上奔波，幾經辛苦，才建立了自己的地位。這個人經常有意盜取他人的智慧，並加以活用。

例如：如果和與自己旗鼓相當的人打高爾夫球時，雖然壓力較小，打起來輕鬆有趣，但卻不可能進步。如果，想要使自己的技巧更爲高明，就必須找強勁的對手較量。

在商業界也是同樣情形，不管在任何範圍，都必須借助比自己更優秀者的智慧，才是通往成功的捷徑。如果擁有和對方同桌吃飯的機會，要選擇一些優秀的人，具有頭銜的人物，而儘量避開一些會令人神經緊繃的人。

要成就財產聲譽，要讓他乘坐「軟席車」

三重縣戶家的舊家諸戶家，流傳有趣的家憲。繼承家業的長男，年輕時，就要讓他出去旅行。在搭乘火車時，要讓他「雖年輕，也要乘坐頭等車」，頭等車也就是現在的軟席車（日本國鐵頭等客車）。戰前日本能乘坐頭等車的人，必須是大富翁，或超一流人物。年輕人乘坐頭等車，被視爲是奢侈的表現。但是，諸戶家的家憲卻認爲，要讓年輕人乘坐頭等車出來旅行。

這麼做是有理由的，因爲年輕人能夠遇到在各方面成功，擁有聲譽、財產的超一流精英的機會較少，而能夠很自然、堂堂正正和這些精英見面的機會，就是乘坐「頭等車」。乘坐頭等車旅行的人，觀察他們與人交談和衣飾、動作等，相信一定會有所收穫。諸戶家的祖先就是認爲，藉此可從成功的社會人士那兒掌握到出人頭地的啓示。

的確，搭乘新幹線旅行時，看到坐在軟席車的乘客，會發現到一些有趣的現象。放在置物架上的旅行包，大多是一些獨特的製品，非常流行且高級。此外，觀察他們的外表，就可了解到，最近日本社會上受人歡迎的生意，或者是有錢人的型態。

幾年前，英國式西裝筆挺的打扮，看了就讓人產生一種使用「軟席車」的精英份子的印象。

不過，兩、三年前開始，搭乘軟席車的客人之型態已經不同了。不再是西裝筆挺，反而是穿著T恤、牛仔褲等自由業型態的人增加了，搭乘軟席車的年輕人也增多了。光看外表，已無法分辨是屬於何種職業，像這樣的人，大多會利用軟席車。

最近的日本社會中，有些人的職業似乎已經改變了。換言之，乘坐的交通工具，已成爲發現各種事物的重要場所。不論是做市場調查，或是想要預測公司的動態，這些交通工具，就成爲與別人相遇的機會，也可以成爲使工作或各種人際關係發展的「關鍵」。

無法見到的對象，可以使用「飛機」

飛機眞是奇妙的交通工具。鄰座的人，就算你不討厭他，或不想和他說話，但是，在一定的時間內，你還是必須和他一同渡過。

如果是搭乘火車，或坐巴士，還可以在中途下車，或自行更換坐位。但是，在空中旅行，坐位是早已決定好的，在到達目的地之前，無法做任何改變。在飛機上，可能會遇到著名的電視演員，也許隔壁位子的就是位女演員。

想要在飛機上掌握關鍵，對於飛機內部的狀況、構造，必須要有某種程度的認識。必須要了解，坐在哪個位子和人談話，才是好的場所。此外，不同的航空公司，機艙內的情形也不同，這些應事先了解。

除此之外，能與他人相遇的關鍵，也可能是在機場候機室。最近，還設有ＶＩＰ專用的特別休息室。

某位年輕老闆，爲了一筆重要的生意，必須和一位人物見面會談。想要親手遞上自己的名片，希望對方能多了解自己，但是提出過好幾次的請求，對方都拒絕和他見面。

於是，這位年輕的老闆，只好調查這位重要社長的行程表，發現他必須從東京到漢城出差去談生意。接到這情報後，年輕的老闆預約了同架飛機的頭等艙，也到漢城去。就這樣，原本再怎麼樣也見不到的人物，卻可利用這個機會，互相交換名片。在到漢城前的一個小時，也製造了能在機艙內互相交談的機會。

與櫃台小姐親近的秘訣

與人相遇的第一步就是——如何掌握與他人見面的機會。依性格和職業的不同，有些人與人見面時，會表現得很親切，有些人則會表現出很疏遠、拒絕的態度。

但是，若想掌握和那些忙碌、或抱持負面態度的人物的見面機會，對他們的心理判斷，是很重要的。要仔細研究人類的心理習性，在不使對方討厭的情況下，與他見面，多下工夫，誘使對方表達意見，這類的研究，在最近的拜訪推銷中，很受重視。

每家公司都有出入口，並設置有櫃台接待小姐，你給予她們的印象如何，對於工作上，以及會面的機會，都會產生很大的影響。此外，由櫃台小姐身上，最容易觀察到一個公司的型態，或經營者的理念。

如果，櫃台小姐緊繃著臉，且應對態度不佳，表示這家公司在員工管理方面，大多有疏失。

一家正在急速成長的公司，櫃台小姐會顯得較活潑、有生氣。一般而言，想與公司重要人物見面，多半必須透過櫃台接待小姐，如果她對你印象不佳，可能連出入這家公司，都會不太方便。

大企業或公家機關的警衛、櫃台小姐、電梯小姐等，大多看起來威風凜凜的。

雖然他們的地位職級都不高，但若所屬的公司，或公家機關，在社會上具有相當力量，則他們也會有高估自己力量的錯覺。

有些大公司的警衛，對於能夠使商人或公司外部的人，聽從自己的指示活動，非常滿足、得意，這類人物，對業務員而言，是最難應付的。

但是，若能與這些人建立良好的關係，則往後在各方面，都會較順利。

某個公司的一流汽車推銷員，在推銷汽車時，絕對不會直接去面見公司主要幹部，或負責人，他會先和公司的守衛，以及主管的司機打好交道。

這些人在公司內部地位雖不高，但是，卻是實際和「車子」接觸機會最多的。和他們建立起關係後，首先，在公司內出入會較輕鬆，而且，透過經常接送幹部的司機之口，就可以說「這輛車不行，那種車較好……」，可掌握推薦車種的可能性。

此外，某家保險公司的推銷老手，記下自己負責公司內全體櫃台小姐的生日，在她們生日時送禮物，雖然只是一點小意思，但在有事要她們幫忙時，可以得到比他人更禮貌的對待，甚至能得到關於公司內部的情報。

不過，對櫃抬接待小姐或守衛，必須注意的一點，就是「語言」，不可因爲他們的地位較低，說話時便掉以輕心，不可以說——喂！某某人在嗎？這種態度會使對方不悅，即使對方比自己年紀小，也應注意遣詞用句，不得傷害他人的自尊。如果對他口出惡言，事後他可能會在公司裡說：

「那家公司的推銷員眞討厭！把我當成傻瓜呢！」

所以，不論對方的年齡，或在公司內地位的高低，在言語之間，一定要多加注意。

掌握秘書小姐的心為第一步

「在推銷給總經理之前，先推銷給秘書小姐。」

巴特·休蘭，是擁有四十年推銷經驗的美國頂尖推銷好手之一，在他的書中，這麼寫的。

在和總經理或重要幹部會面之前，還必須經過秘書小姐這道重要的關卡，若不能博得這位女性的好感，可能便失去了會面的機會。最近，我國的中小企業，主管秘書的設立，不斷增加。以前，可以直接見面的對象，現在也必須先透過其秘書，安排時間會談，所以，秘書攻略法，可說是推銷的第一步。

同樣的情況，也在一般家庭中發生。中上家庭，會在門口應付你的，就是「傭人」，因此，必須博取秘書或傭人的好感，研究與目的對象面談的心理戰術。

某位美國的打字機推銷員，他曾要求面見一位一流公司的董事長，推銷新產品，但是，秘書小姐卻告以董事長正在各地巡視爲理由，想要打發他走；而他並未因此離去，反而轉向那位秘書小姐，向她推薦——其實妳可以使用看看這型打字機，這是我們公司的新產品，一定要試一下哦！

秘書看到這新型打字機，非常高興，像孩子得到新玩具似的，開始使用它，這位推銷員花了三十分鐘解釋使用方法，然後就回去了。

幾天後，他又來到這家公司，這次秘書小姐不但對他非常禮遇，而他也得與董事長直接會談，在談及打字機的特徵及使用方法時，他說：「還是請您的秘書，爲您說明好了，她知道我們的新產品，使用起來非常方便。」說著，便請她來爲自己宣傳。

結果，他接到大批的購貨訂單。一點新構想，就能使你得到機會。以此例而言，巧妙利用秘書的心理，便是成功的關鍵。

達文西也推銷自己

「我可以用大理石、石膏，把你的偶像雕刻出來。在繪畫方面，我可以畫得比其他人更好。我會造橋，依情況的不同，爲了抵抗敵人，也可以破壞橋樑……。」距今三〇〇多年前，年輕的里奧納其·達文西，就是這樣推銷自己。達文西是具優秀才能的，但爲了讓他人更了解、熟悉自己，在當時，也必須努力的推銷自己、彰顯才能。而在今日的社會結構下，只具普通才能的人，爲了出人頭地，就必須付出更多的心血和努力了。

此外，就算自己具有萬中選一的天才、能力，但是，若不能廣爲人知，這才能就如同寶玉蒙塵，無法被挖掘出來，只有自己最了解自己，能讓許多人了解你的，也只有你自己，被動的等待伯樂來發掘，這種想法是不切實際的。不論是電視演員，或者歌星，在他們成名之前，都必須主動努力的推銷自己。

但是，就算知道「要推銷自己的才能」，卻不懂得運用方法，因而，很多人認爲自己並無自我推銷的本領。

平凡的人，到底能做些什麼呢？在國中、高中時，成績平平的自己，似乎並無特出的地方，因而會抱持著放棄的態度。

社會已經改變了，現在的流行趨勢是——進入一流的公司，擁有一份高薪的工作。人們很努力的推銷自己，想取得好的工作機會，必須面對非常激烈的競爭。如果對方是大公司，或政界、財界的大人物，要想和他們會面，非常困難。戰後，一躍成名的人物，大多很懂得推銷自己。

信件要以「快遞」或「掛號」的方式寄出

想要直接面見名人或公司的經營者，不是簡單的事情，打電話，可能在秘書那兒就被截斷了；寫信，能引起注意的機會，太少了。那麼，該怎麼做呢？不要太早就放棄了。

五十年前，一名青年想進入美國報社工作，思索著如何讓人注意到他的信，他在信封上，用紅筆寫著大大的兩個字——「危險！」然後把信寄出，藉此掌握了面談的機會。另一位推銷員，在三個月內，寄出了一二〇封同樣內容的信給同一位客戶，終於見到了這位想見的大人物。

每天，大約會有一〇〇封的信，送到我這兒來，但工作忙碌，我無法一一過目。這其中，有些信會吸引我去看它，有些只是匆匆流覽，無法留下任何印象。

⑴利用「快遞」或「掛號」的信，我會去看。

⑵信封上的字體非常工整，也會引起關注。

⑶雖是大人物的信，卻只以鉛筆署名，略過不看。

⑷信封上姓名錯誤，信的內容多半也是含混不清，關注較少。

⑸貼上美麗紀念郵票，或特殊信箋的人，大多會認眞處理問題，這類的信很能吸引我的關心。

由此可知，大概不只是我，相信很多人，也會有這種共通的心理吧！如果想要對方看你的信，就要注意以上的事項，吸引對方的興趣，進而閱讀信件。

利用土產來製造「關鍵」

若對方是大人物、不易會面的對象，必須事先展開各種調查。

已故的日本化學藥品公司社長，原安三郎先生，大學剛畢業不久，爲了接近當時三井物產的重要幹部山本條太郎，徹底調查他的日常生活習慣，發現他喜歡打獵，於是送土產鴨子，到他家拜訪，這次拜訪，對原先生的一生造成了決定性的影響。

也有情況完全相反卻成功的例子。我所認識的某位企業家，爲了調度資金，而拜訪財界、政界的重要人物——D先生。

這人很討厭打高爾夫球，一直高唱高爾夫無用論，他最喜歡點心，因此，日本各界名人都會送他各地的名產。在拜訪這位D氏時，他原本想送家鄉的點心，但是，臨時改變主意，送了一打高爾夫球。

對方有沒有因爲送了最討厭的東西，而拒絕請求呢？事實上，剛好相反，對方不但相信他，也爲他介紹了可以融通資金的人。

大部份的人都送他最喜歡的東西，日子一久，早已失去新鮮感，甚至有些厭煩，所以，當有人送他最討厭的高爾夫球時，「咦？什麼傢伙送這東西來呢？」反而引起他的注意，詢問送禮人的姓名。因此，在前去拜訪時，對方早已對他有印象了。

「我知道你討厭高爾夫球，但是，我卻很喜歡，每天早上都要練習，希望您能了解打球的樂趣，所以才會送高爾夫球來，有機會也許可以和您一起打球。」

這番話，的確使D先生的情緒平靜下來，後來兩人也成了球友，而且，在工作上，也是很好的商談對象。

對於有求於他的人，大家都會認爲要與他同調，喜歡他所喜歡的事物，關心他所關心的事情，儘量巴結，但是，有時候以相反的方法，反而能引起注意，得到對方的信賴。

還有，送以下所敘述禮物的關鍵。

戰前，美國著名的演出家，亞爾·烏茲，當他還是個新手時，爲了『在法律中』這部戲曲，乘船遠渡大西洋到倫敦去，但是，他對倫敦非常的陌生，於是茫然的坐在船上的餐廳裡，思索著到底該怎麼做才好。

這時，在不遠的另一桌前，坐著一位紳士，令他非常注意。於是，他喚來侍應生詢問紳士的姓名。

「他就是有名的比亞波姆·特里先生」。

於是，亞爾·烏茲說道：「哦？是比亞波姆·特里嗎？我知道了。」

深深的點了點頭，很自然的說：「請你送瓶上等香檳去給那位先生。」

不久之後，面露微笑的特里，對著烏茲說道：「這可是我頭一次接到這麼令人愉快的招呼，烏茲先生，你怎麼知道今天是我的生日呢？」

烏茲臉上也露出了溫柔的微笑，回答道：「你在美國非常有名，我對您的事，非常了解！」

就這樣子，在大西洋上相遇的兩人，後來交情愈來愈深，得到強力支援著——特里之賜，烏茲獲得了大成功。

與工作無關的話題，有時非常有效

談話的關鍵，通常都會以對方的工作爲話題，但有時，談與工作完全無關的事情，也能獲得成功。

想接近棒球選手，有時用與棒球完全無關的話題，反而能博取對方的好感，就是個很好的例子。經常受到棒球束縛的球員，有時會很厭煩關於棒球的話題。

在家庭生活當中，有些夫婦的關係並不調和，往往是由於妻子詢問過多關於公司的事情，甚至干涉工作內容，而使丈夫焦躁不耐，造成夫妻感情欠佳。經常侷限於工作中的丈夫，對公式化的話題，已感到厭煩，因此，若能談些工作以外的事情，也許夫妻間的關係，就能有所改善。

有事想要拜託別人，也可以運用同樣的心理及方法，或許會有不錯的效果。

某位有名的高爾夫球選手，和剛自戰場歸來的將軍，談論自己「釣魚」的情形，對有關戰爭的話題，全然不提。幾大之後，將軍對這位選手很感激地說：「當時眞謝謝你，沒有和我討論關於戰爭的事情。」

軍人聽到戰爭的事情；醫生聽到生病的事情，都會感到很厭倦，這種心理很容易理解，談論一些與工作無關的話題，有時反而能使雙方更爲接近。

B 初次見面博取對方好感的「關鍵」

何謂單純接觸原理

幾次拜訪都吃閉門羹，想要和對方會面，卻遭拒絕，對工作士氣是一大打擊。

理光公司社長，市村清先生，在推銷員時期，一天拜訪同一位客戶十幾次，終於得到與重要人物面談的機會，一而再的重複拜訪，相信對方也會屈服於你的熱誠之下，願意和你見面。

初次見面的人，對你不會有任何感情存在，但是，多次會面之後，漸漸的產生好感，這種現象就是所謂「單純接觸原理」。

當然，並不是見面的次數愈多，對方就會愈喜歡你，只有「第一印象」是肯定的，或中立的情況下，單純接觸原理才能成立，如果一開始就是負面的印象，就算見面次數再多，也只可能增強對方的討厭心態。所以，是否能建立良好、親密的關係，關鍵就在於第一印象。

決定第一印象的五個重點

初次見面的第一印象，對方會產生好感，還是嫌惡感，綜合各種學說，可分爲以下五種情況：

(1)外觀印象的好感程度。
(2)道理難加以說明，一種宿命的好感。
(3)利用動作、表情所傳達的好感度。
(4)先入爲主觀念的暗示效果。
(5)位置、狀況的物理影響。

(1)外觀印象的好感程度

人際關係的第一步，可說是始於最初的第一印象。因此，外觀對第一印象，會造成很大的影響。如果外觀不佳，說話的方式和態度再好，在初時，也難有好的結果。

相反的，妥善運用美好的臉型及外觀，留給他人良好的印象，在各方面都會比較吃香。許多具有良好外觀特徵的人，多能留給他人好印象。

那麼，初次見面時，應該要注意對方的哪些地方呢？通常，第一次不會整體的觀察對方的特徵，而會將目標指向某個特定的部份，能夠使對方產生好感，多半是這個特定的部份，可以深深吸引住他的緣故。有調查可以顯示，最初會引起注意的部份，如附表。

單純接觸原理

看到異性時最初注意的部份　　看到同性時最初注意的部份

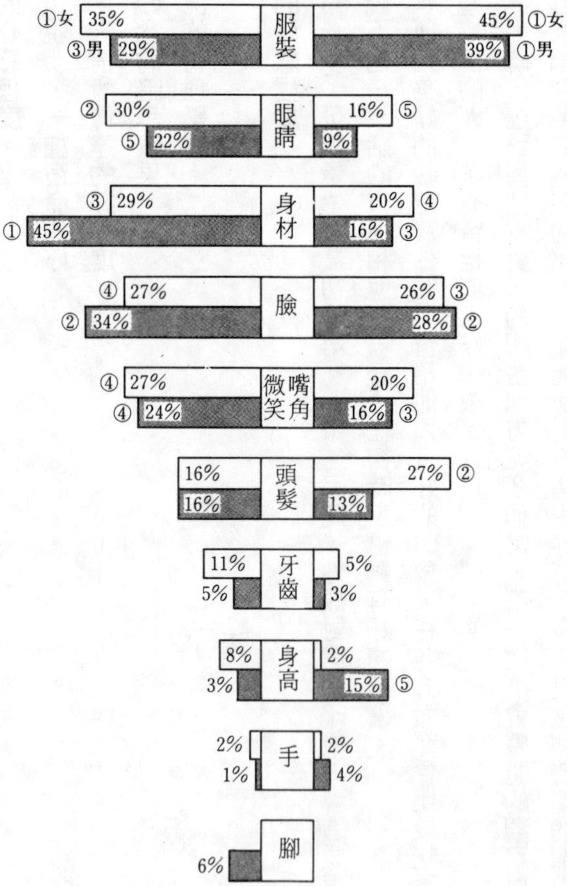

根據調查，首先會注意到的地方，男女有些差別。

女性在觀察異性時，大多會注意他的服裝。另外，大部份的人，會注意對方的眼睛、體型、臉部、表情等，也就是說，會整體的觀察。相反的，注意對方身材、體態的男性，則占壓倒性的多數，其次則是注意她的服裝、容貌。

同性之間，大多會觀察彼此的服裝。女性注意彼此穿著的比例，約佔百分之四十一。而男性在觀察同性時，也是以服裝爲第一。

由此看來，這似乎意味著——現在是以穿著論人的時代。所以，如何以服裝巧妙的表現自我，如何留給對方良好的印象，穿著打扮是頗重要的一環。

根據我的調查，初次見面，女性會非常注意對方的領帶。

但年輕女性卻認爲領帶是性慾衰退的象徵。因此不太喜歡。根據美國專家的研究，領帶與性慾似乎有很深的關連。

所以，有些女性認爲不打領帶，或是變形較大的領帶，或者細如繩索的領帶，是在性方面缺陷的人。

一般女性所喜歡的領帶，應該是如圖①圖②的樣式。過大的領帶，會刺激女性的性聯想，不可能留下好印象。

圖①型的領帶，代表具有誠意及良好知識的人，對性也能有適當的節度。圖②型的領

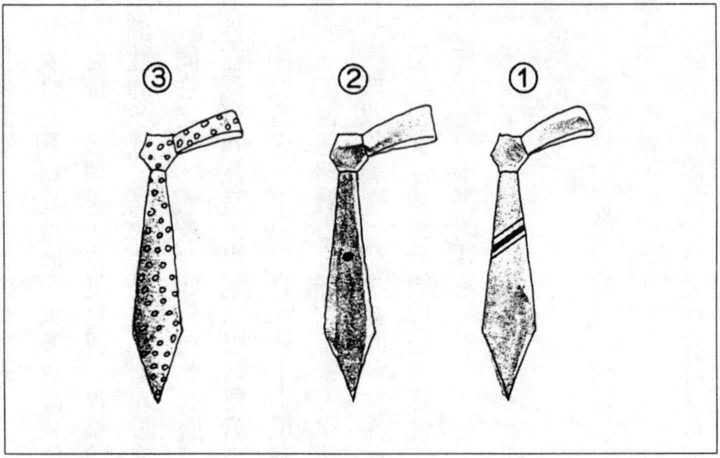

帶，則會給人固執的印象。圖③的領帶，則較纖細，較爲女性化，也不會給女性好的印象。

當然，領帶的打結處也會有影響，若是較鬆弛，或者不正，就更不必說了，這些你不注意的小地方，或許對方卻非常在意。

除此之外，也必須注意手中所拿的東西。週刊、漫畫、男性雜誌，或是把報紙捲成一團，不會給他人好印象，手上拿這些東西的男性，會讓人覺得輕率，不值得依賴，缺乏積極性等印象。

尤其，在面談時，當秘書引導你進入接待室等待，如果看週刊或是漫畫，一定會造成不良印象，認爲這次面談的事項，一點也不重要。事實上，在這個時候，應該要看一些影印的、或重要的文件，至少，要裝出這個樣子，才能讓對方的秘書小姐，意識到這面談的重要性，所以，要愼重其事。

此外，另一項必須注意的就是「氣味」，也就是體臭的問題，或許你自己並無感覺，但卻會給他人強烈的感受，這點不可忽略。

也許你自己並未察覺身上帶著一股汗臭味，或不潔的氣味，可能是自己對自身的體臭味，感覺較爲遲鈍，但是，當你進入房間的瞬間，特殊的氣味會充滿這整個空間，而女性對此特別的敏感，如此一來，印象大打折扣，甚至對你說的話充耳不聞。即使是在選用古龍水或芳香劑時，也要注意過於濃烈、個性化的氣味，不但不能給人好感，也許適得其反，令人退避三舍。

可以表現個人性格及生活態度的另一樣物品，就是鞋子。以『成功的服裝』這本書成名的，約翰·T·莫洛伊認爲，在美國有許多成功的商業界人士，選購鞋子時，都煞費苦心。

初次見面，原本印象非常良好，認爲是個優秀的競爭對手，但是，卻無意中發現他的鞋子是那麼的骯髒，顯見此人不注重細節，又如何成就大事，印象全然改觀。這雖然只是微不足道的小地方，卻可能帶來深遠的影響，如果你希望給人好印象，千萬不要忘記注意鞋子是否整潔。

①整雙鞋都骯髒

西裝筆挺、精神飽滿，卻穿著一雙又髒又舊的皮鞋，這種人性格通常大而化之，不會勉強他人，脾氣溫和。如果是已婚者，則對妻子非常寬大，一點也不囉嗦，可能有懼內症。

②磨損、骯髒的鞋子

老穿同一雙鞋，從不加以保養，這種人，對自己的臉部、牙齒，大概也不會去照顧，外表有些邋遢，但本人一點也不在意。生性樂天，生活閒散，不喜歡受束縛，無法忍受刻板、制約性的工作，可能幼年時期就生活在自由的家庭氣氛中。

③擦得光亮的皮鞋

這類人很在意他人的想法，強烈的希望引人注目。

不把鞋子擦得光亮，就感覺很不舒服。這種人大都性慾較強，談話中常涉及性的話題。喜歡把頭髮打理得整齊油亮，常變換髮型，一雙鞋也總是光亮無比。

④不成型的鞋子

鞋子已磨損得不成樣子，卻一點也不在意，可能非常喜歡這雙鞋，穿了它才覺得安心。鞋子磨損的部位，是這個人行動及日常生活型態的線索，也可以察覺這個人的個性、性格。

⑤穿高級皮鞋的人

願意在鞋子上花費些金錢的人，多半經濟狀況良好。男性通常最不願把錢花在鞋子上，一般都會較捨得花費在照鏡子時，最注意的地方。不論在東方或西方，都是到了近代時，才在鞋子上費較多金錢。因爲在經濟未開發時，高級鞋子並非生活必需品，人們的消費能力未達水準。

初次見面，要給予好印象的關鍵，還是在臉，也就是眼、鼻、口等器官。

根據調查，初次見面最先注意到的，就是眼睛，其次鼻子，再來是嘴。大而有神、閃耀生輝的眼眸，會給人強烈的印象；而眼光溫柔的人，則可得到衆人的信賴。

將晚婚與早婚的女性，加以比較，其中較明顯的不同點，在於眼睛。男性多半較喜歡眼睛大的女性。而女性可藉眼部化妝，或戴上適合的眼鏡，改善眼睛的形狀，進而增加與異性交往的機會。事實上，此類女性結婚的機率也很高。

眼睛的大小，對男性而言，並非絕對重要。比較起來，男性多半著重在眼神的表現以加深印象。初次見面，多會直視對方眼睛談話。但是，若將視線放在對方鼻子附近，則更容易看眼睛的表情，更有說服力。

出人意料之外，「鼻子」也是受注目的焦點之一。鼻頭、鼻孔若是骯髒，會給人全身都骯髒的感覺，這時鼻型再美好，也是枉然。眼睛較小、眼神冷淡的人，可強調鼻子，或嘴型的優點，來掩飾不足之處，這點非常重要。

口的表情，在第一印象中也是重點，尤其必須注意牙齒的整潔。擁有白皙整齊的牙齒，可給人個性乾脆、爽朗的印象，相反的，若是滿口黃牙，甚至缺了兩顆大門牙，效果就十分不同了。

(2)命運的好感度

道理難加以說明，這種命運的好感，是一般人較難理解的說法。

雖是初見，但在相遇的瞬間，就產生了一種感動的情緒，如同火花迸裂般的震撼，傳達給對方，彼此深受吸引。男女相遇時的一見鍾情，就是最典型的例子。覺得相遇、相戀是一種宿命的安排，這就是所謂命運的好感度。

這種道理難分析的命運好感度，以命運學的角度來看，就是所謂「合性」的說法。

自古以來，不論是占星術、血型、十二支或氣學等等東方占卜術，一直持續對「合性」的種種研究。然而，長久的研究歷史中，仍無法說明，爲什麼當一個人遇見特定對象時，會有莫名的感動情緒，而對其他卻無同樣的反應。

最近，甚至以科學的方式，嘗試解說「合性」。以人一生的規律爲基礎，來加以探討的生化規律說都登場了。當然，不論是初見的人，或是早已熟識的朋友，在相遇當時情緒的好壞，也會有所影響。情緒的好壞，操縱著對彼此的印象判斷。心情好，自然反應好、印象佳；心情不好，很可能一言不合，一拍兩散。

據說人類有三種規律——身體規律、感情規律及知性規律等，這就是生化規律說的基本理論。最近，除了這三種型態之外，出現了第四種「直覺規律」。

關於生化規律，目前仍在進行研究。在談話應對時，會發現有時不論再怎麼解說，對方就是不懂，無法吸收你要給他的訊息。有時他無法集中注意力，人在眼前，卻聽不進你說的話。這就表示兩人規律不合。在古代中國，可以「氣」的這個字眼來說明。如果感覺不合，還是儘早結束應對吧！

(3)以動作、表情傳達的好感度

日常生活中，人們不自覺的習慣性動作，可能會使對方產生好感，或心生厭惡這兩種截然不同的反應。

雙臂交疊，與人談話，顯得盛氣凌人。頻頻以手遮住嘴巴說話，似乎過於鬼祟，不夠大方。縱使對方原本抱持著好感，可能也會因爲這種手勢、動作，印象大打折扣。反之，說話時攤開手，表示擁有開放的心情，會給人一種爽朗、自由的印象。

此外，人類的表情，具有鏡子效果。也就是說，當你的臉部表情緊繃、僵硬時，會連帶的影響到與你說話的人，使他的表情也緊繃起來。具有明朗表情的人，多半能給他人好印象。一般而言，笑容可博取對方的好感，面帶微笑的人，總能令人喜歡、愉快。在美國，有句名言：

「要提昇工作成績，別忘了隨時面帶笑容。」

美國有名的百貨公司經營者，約翰·瓦納梅卡也說：

「微笑與握手，都不需花費時間和金錢。」

圖①

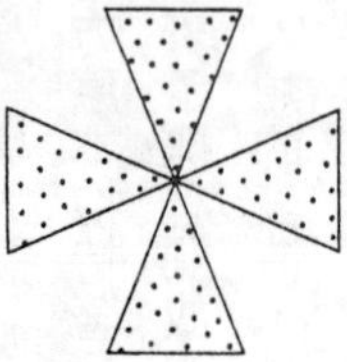

圖②

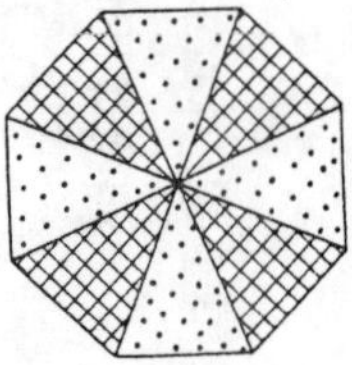

圖③

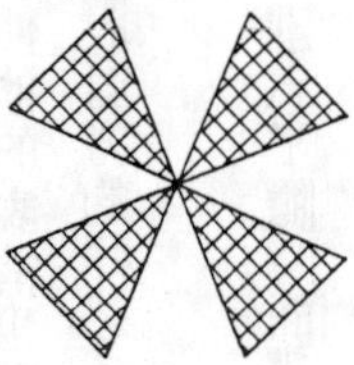

「而且，能使生意興隆。」

瓦納梅卡不僅是傑出實業家，也創建了貝沙尼主日學，以及ＹＭＣＡ，更曾擔任哈里遜總統時期的郵政長官。在與許多人交往的過程中，他學會了最好的方法，就是「笑容」。

(4)先入為主觀念的暗示效果

整體而言，人們多以過去的經驗和學習到的知識，來評斷初次見面的人以及未曾遭遇的事件，「他是不是好人？」「這是重大事件」。還有人，以職業上的直覺，來判斷他人的性格。

例如：法官習慣以過去所接觸的犯罪者類型作為評量尺度來看人；醫生看病時，會將病人的特殊情況與人體的各種特徵加以比較，作爲診斷基礎。

但是，這種先入爲主的觀念和職業上的直覺，能夠完全信賴嗎？

在探討這個問題之前，我們先做個簡單的測試：

首先，凝視圖①的圖形三十秒鐘，過了三十秒後，再看圖②，你馬上可在圖②中，看出圖①的形狀。接下來，看圖③，然後再回頭看圖②，會發現，你首先注意到的是圖③的格子紋，而非圖①的點狀。這樣的現象，不只是圖形，在其他許多時候，都會發生。當我們看一個人的臉時，依觀察者心態的不同，判斷也會不同。

請看左圖。在A圖中，有人看到的是年輕女性的側臉，也有人看到的是童話中「老巫婆」或「魔女」的臉。樂觀的人，他看到的是美女的臉；憂鬱的人看到的，就是一張蒼老的面孔。

這證明了因爲心情的不同，觀察的結果也會有很大的差距。除此之外，人的性格、種族，以及社會地位的差異，也會影響觀察的結果。

例如B圖，可推理出與這位女性接吻的是

B

什麼樣的人嗎？這是個有趣的實驗。

因男女性別的不同或人種的不同，所做的聯想，會有很大的差距。由這位女性閉上眼睛，一臉幸福的表情，大部份的人都會認爲接吻的對象，應該是位英俊的男性。

但是，國人看這張圖和美國人看這張圖，情況又不太一樣了。歐美人對接吻已司空見慣，較保守的國人，看法就不同了。國內社會的傳統觀念，認爲接吻是男女之間的事，因此，直覺上就肯定與她接吻的對象是位男性。但是，歐美人則廣泛的聯想，他們覺得這幅畫看起來，似乎不是那種男女之間的深刻情愛，反而更像是「母親親吻孩子」的溫馨畫面。

當我們在評斷他人時，最容易犯的錯，就是先入爲主的觀念。尤其是，當我們對這個人具有特定的情感，或對他有成見時，所做的評價，就會不夠客觀，因爲摻雜了太多的個人情緒。

戀愛中的男女，看對方是「情人眼裡出西施」，都以肯定的眼光來觀察對方，就是很好的例子。所以，用容貌、說話方式等這些外形上的特徵來對一個人加以評判，過於膚淺，也

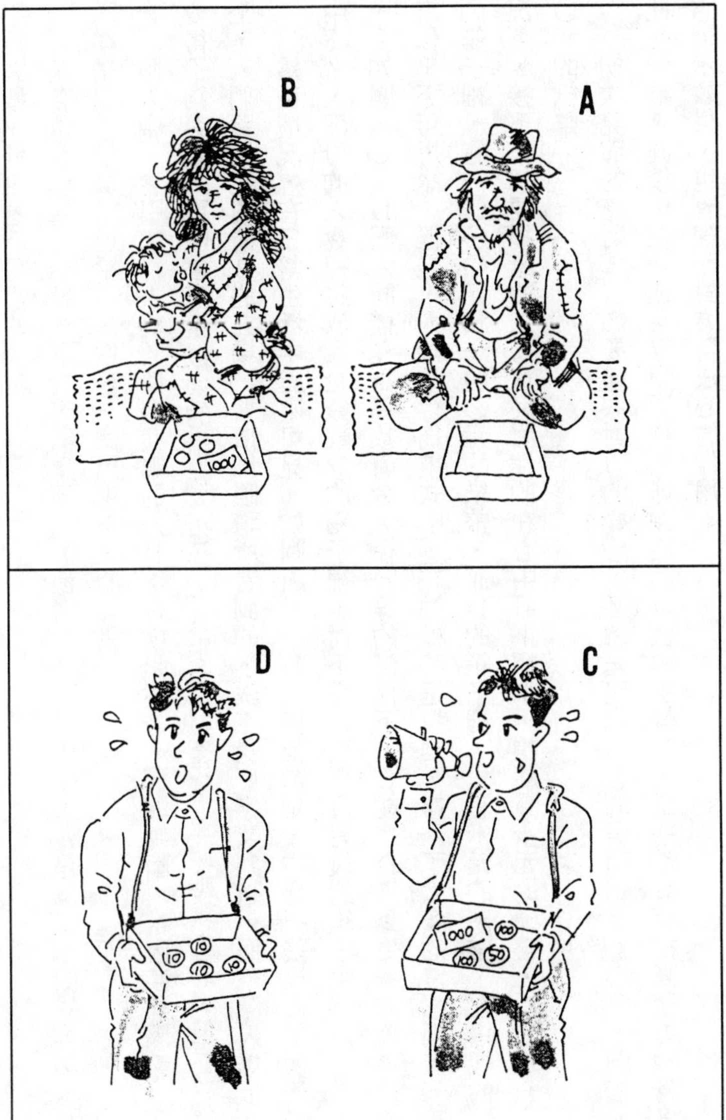
B
A
1000
D
C
10
10
10
10
1000
100
100
50

不夠客觀，結果是不可靠的。

請各位在腦海中想像以下的畫面。兩個流浪者一同坐在橋頭，A是個二十歲的青年，B同樣是二十幾歲，但手中卻抱著一個出生不久的嬰兒。

兩人中，會引起行人的同情與共鳴的是B；也就是說，人們的判斷，常因某種因素，而變得不夠客觀，可能會產生很大的錯誤。也許，B手中的嬰兒，並非她親生的，但在感情上，人們會站在同情B的立場，習慣以眼睛所看到的，做直覺反應及判斷，而不深入思考。

這種情況，在日常生活中處處可見。如圖所示，有兩個捐獻箱，你會把錢投入哪個箱子中呢？大部份的人會把錢放入金錢較少的箱子裡，而不投入完全沒有錢的箱子中。

如圖，C、D兩人同樣在籌募救濟金，在同等的條件下，C能比D籌到更多的錢，聽起來似乎不可思議，但是，人類的行爲模式中，在動機和選擇裡，摻入了太多的情感因素。C的箱子裡，有一〇〇〇元和一〇〇元的紙幣，而D的箱子裡，只有十元的硬幣，在這樣的情況下，接下來想要捐獻的人，會反射性的在心中訂下標準，捐給D十元的硬幣，捐給C一〇〇元的紙幣。

初次見面的應對，若想要博取對方的好感，必須先建立對方的信賴感、安心感。例如彼此是同鄉，同校校友，或者喜愛同樣的球類活動以及興趣等等，這些都具有提高雙方親密度的暗示效果，也有緩和對方警戒心的作用。

用語言將自身的情況透露給對方知道，稱為「自我開示」，藉著把自己的事情傳達給對方了解，來建立對彼此的信任。當然，所傳達事物的隱私程度愈高，就愈顯示你對對方的信賴感，以及感情親密的程度。而同樣的，對方也會對你表現出愈親切的態度，做為回報。

神探可倫坡，非常擅於這一點，他經常對人提及「我的老婆啊……」，來驅除對方的警戒心，縮短了與對方的心理距離。而事實上，還沒有人看過他的老婆呢！

(5)位置、狀況的物理影響

與人談話時，要注意兩人的位置、距離，過於接近，會給人嫌惡感、壓迫感；站得太遠，心意無法傳達給對方知道。最適合的位置，是兩人低頭打招呼時，頭不致於撞在一起的距離。

想要積極傳達自己的想法時，可採面對面的方式談話。由最適當的距離，再朝前跨近一步，較具有效果。斜向站立的位置，則適合採取以漸進、緩和方式說服對方，緩緩道出自己的想法及理念，使對方瞭解。若在座位上，也以斜向面對的方式，最能博取對方的好感，使談話較易進行。

這時，也要注意房間內的光線方向，要面向光線來源，如窗戶，或是燈光可照到臉上的位置，讓對方看清你的表情。

C 了解背後真相的「關鍵」

在對方未察覺時識破真相

凡格·H·狄威茲曾說——

「在觀察、評判一個人時，切記不要被他察覺，否則他就會有所防範」。

的確，每個人都希望上司或是戀人，看到的是自己最好的一面。

相親時，非常的女性化，結婚後，才發現妻子的個性好強，不讓鬚眉，有這種慨嘆的丈夫，大概不少吧。「早知道，就不跟她結婚了！」事後再來憤憤不平，於事無補。

因此，在對方尚未察覺時，識破眞相，非常重要。

利用手碰觸的位置來看穿對方心理

在談話時，注意對方的手碰觸身體的部位，會發現很有趣的現象。如圖所示，可將身體分成七個部份來加以觀察。

①摸頭

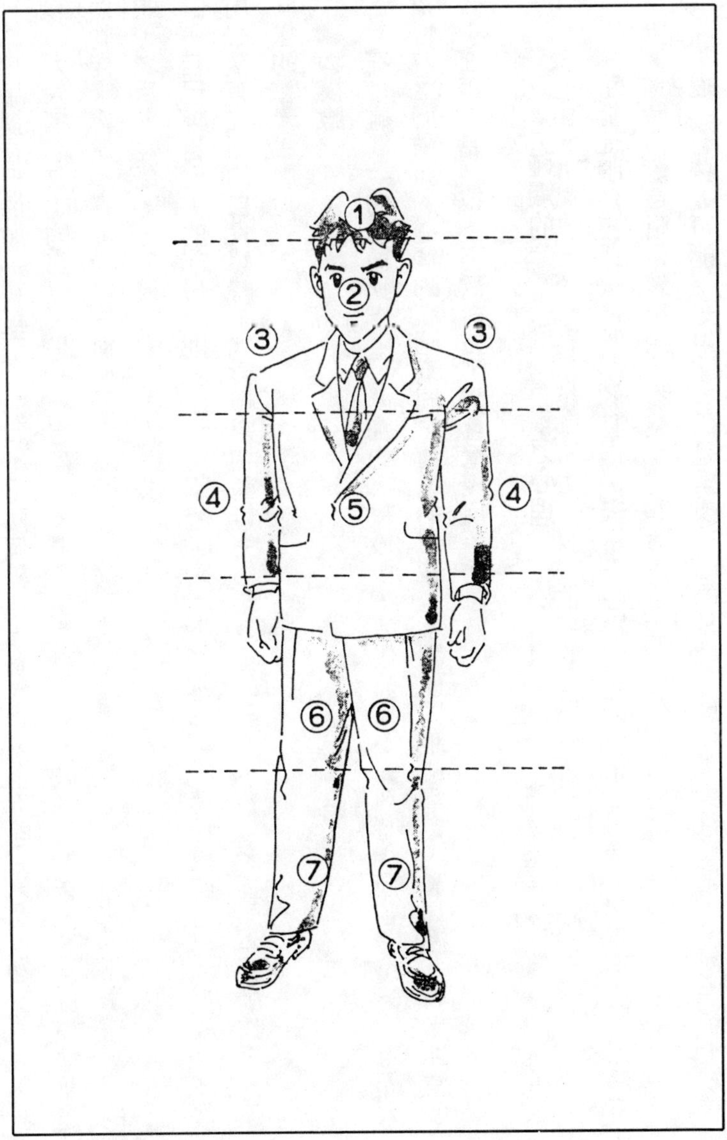
①
②
③
③
④
⑤
④
⑥
⑥
⑦
⑦

用手摸自己的頭，和摸別人的頭，這兩個動作，意義是完全不同的。

大人摸小孩①的部位，是一種寵愛的表現，也帶有讚賞、鼓勵的意味，尤其母親常藉這個動作來傳達「責罵」、「稱讚」、「安慰」等種種情緒。成人之間，如果用手摸對方的頭，表示有輕蔑對方，或支配對方的慾求。

自己摸自己①的部份，則表示「對不起」、「不好意思」，藉此掩飾自己的失敗。或當內心懷有強烈的自責感時，就會作這個動作。中年以上的男性，會以「搔頭」的動作，傳達同樣的意義。

②摸臉

在「碰觸」的種種動作中，摸臉的次數最多，疲倦時、不高興時、痛苦悲傷時，人們大多會做這個動作。碰觸的範圍不同，傳達的情緒也不同。同手碰觸口、鼻周圍，表示非常疲勞；在等人時，或不喜歡對方，常會重複用手抵住口、鼻。

雖是初次見面，但在談話中對方不時的用手遮住口，這時，最好儘早結束會面，他的動作代表心中正高喊著「不想再繼續談下去，我很忙」的拒絕情緒。

用手抵住眼角，或按住眼頭的動作，表示在想別的事情，正在思考、躊躇不決、無法下定論。這時可能會附帶做出摘下眼鏡、鏡框貼在嘴上等動作。

不過，有些人可能不是摸臉，而是摸摸自己的耳朵，或用手指拉耳垂，這都表示不知該如何回答，或對回答感到苦惱。由於思緒尚未整好，正處於強烈不安的狀態中。但是，摸耳朵的動作也代表著他已經準備要做出決定了。

另一方面，如果雙方關係親密的話，在談話中，可能會以摸摸鼻子，或摸摸臉頰，來代替摸臉的動作。當男女之間想要親吻、擁抱對方的慾望增高時，迫於所處的環境不允許，或不敢這麼做，會用手摸摸對方的鼻子或臉頰，藉此滿足慾望。

③摸肩

很少有人會摸自己的肩膀，但是，當遇到厭煩的事情，想要解放自己的情緒，或想轉換心情時，可能會做出摸肩膀，拍掉肩上髒東西，或拍打肩膀等動作，表示希望周圍的人能夠了解自己努力的目標，尤其希望上司和部屬能夠認同這種自我期許。

朋友之間，或說話的對方互摸肩膀時，表示「同伴意識」，想要向對方傳達「我們是心意互通的同伴」的特別訊息。政治家在和對手談話時，也經常會展現此種動作。

摸肩的動作代表多種意義。強而有力的拍肩，會出現在關係親密的同志之間，或代表「我不會輸給你哦！」大動作的擁抱對方、輕撫肩膀，則表示想與對方親近的強烈願望，也表示「我想和你多接近」、「我希望能夠瞭解彼此」等。

輕拍對方肩膀、拍掉對方肩上的灰塵或頭髮等動作，是一種友愛的表現，藉此傳達自己的親切，這也是已有感情的男女雙方表現情愛的一種動作。

④摸手或手臂

想要將自己的想法或好感傳達給對方了解。

寂寞時，很自然的會雙臂交疊，或撫摸另一邊手臂。此外，在談話中，當對方否定自己的意見，或持批判的態度，也會雙臂交疊，表現出強烈的防禦意味，頑固的堅持自己的想法。

對演講的內容不感興趣，或是對方約會遲到，等得不耐煩時，也會做出雙臂交疊、輕捏住另一邊手臂、或支撑手臂等動作，表達心中的反感。

並肩而行，輕觸對方的手或手臂，是戀人間很自然的動作。握住對方手臂，表示想要依靠他。鈎住對方的手臂，好似鎖住的樣子，則表示更強烈的信賴感。

雖然很想要握住對方的手臂，但兩人的關係尚未發展到如此親密的階段時，可以拉住對方的西裝袖子或背心的一部份，來代替握住手臂的動作。

⑤摸胸部或腹部

這是最難接觸到的部位，而且絕對不能隨便把手放到對方的這些部位。每個人都不願意輕易讓人碰觸到身體的重要部位。

但是，強烈的希望被愛、被觸摸的人，在無意識中，會用手觸摸自己的胸部或腹部。用手觸摸自己的腹部，或拍腹部的動作，強烈的顯示出想要使周圍人震驚的想法，引起別人的關心。用力拍胸、拍腹部，是一種「一切都交給我吧」的豪氣姿勢，表現出自己的力量。

⑥用手摸腰或膝蓋

摸腰或膝蓋的動作，不只是男女，男士之間也經常出現。強烈的希望對方能夠了解自己時，會用手抵住對方的膝蓋，表現出對對方的信賴，促膝而談的心情，與此相通。

用手觸摸自己的腰或膝蓋，表示強烈的自信，希望得到對方的認同。情緒焦躁時也會出現這種動作。年輕人爲了表現自己的強悍，會把手放進褲袋裡，插腰而立，一副盛氣凌人的姿態。

⑦摸腳

這是一般人最想摸的部份。但是，西歐人最討厭別人觸摸這個部份。感覺疲倦，或想放鬆心情時，會摸自己的腳，尤其是走路走累了。拚命工作，想得到上司及衆人的認同時，也會做出這個動作。

依照觸摸方式以了解各種人際關係

依照觸摸對方方式的不同，可以了解此人的職業與人際關係。

①不含感情的「職業觸摸方式」

在各種職業都看得到，形式上觸摸身體，但未自心底表現出對對方的情感。

服裝店的店員爲客人整裝，高爾夫球指導員指導學生時，會觸及他們的身體，就是一種職業式、機械式的觸摸，而非對他們擁有眞正的情感。觸摸包括形式性的觸摸，不會讓對方感到不安。另一種觸摸，會將體溫傳給對方，令人感覺不舒服。

②增強性的聯想

藉著觸摸，會增強某些人的性聯想，特別是觸摸的時間較長，或將體溫傳給對方，或者是一邊觸摸、一邊凝視著對方時，都會增強效果。觸摸身體的某些部位，如脖子、胸部、膝蓋、臀部等，更具有強調的作用。

③提高禮貌印象

「握手」是最普遍的方式。強而有力的握手方式，表示對對方高度的信賴感以及尊敬。雙手緊緊夾握住對方的手，則是友情的象徵。關於握手的其他方式及意義，將會另外爲各位敘述。

除了握手以外，對自己尊敬的人物，將雙手貼在一起，緊緊握住，表示對他的信賴與尊敬。

④觸摸物體的心理

觸摸商品或身旁物體，有各種不同的表示。用手觸摸商品，是國人的特徵，在國外，絕少人會這麼做，他們認爲商品一旦被觸摸過後，會降低價值。對不同的商品，觸摸的心態及方式也有差異。較昂貴的商品，觸摸時會小心翼翼，不想留下任何痕跡。對較便宜的東西，觸摸時會較粗魯、用力，不那麼在意。

由握手了解對方的心情

前田中首相首次訪問中國大陸時，日本電視台實況轉播所有歡迎晚會的情景。令我印象最深刻的，就是當時的總理周恩來與田中首相握手時，可以看得出來他很用力，雙手大幅度的上下擺動。

國人經常都會與初次見面的對象握手。

握手時，如果是強而有力的方式，可能是想表示自己的能量，給予對方威脅的印象。

一般的握手，有以下幾種形態：

Ⓐ輕握，與其說是握手，不如說是輕觸指尖。

Ⓑ好似粘在一起似的握手，花費較長的時間，觸摸手掌。

Ⓒ包住對方的手，握住整個手，而未加諸力量。

Ⓓ迅速、強而有力的握手，手上下移動，會使手感覺疼痛。

這些握手方式，各是表示——

Ⓐ拒絕、關係並不友好，只是基於禮貌的狀況下。

Ⓑ的方式，則顯露了容易激動的情緒化性格，心情起伏不定。但卻是男女之間，情愛的象徵，表示難以分離。

Ⓒ則給予對方體貼的印象，在推銷時，應付客人經常使用這一招。

Ⓓ是軍人、政治家的方式，想要支配對方的意志，或向對方展示自己強大的力量，也可說是虛張聲勢型。

利用無意中所使用的話語了解本心

「作賊心虛」、「不打自招」這兩句俗語是說，當一個人內心有所防備時，很難由話語中揣測出他眞正的目的。但是，在輕鬆歡樂的氣氛下，無意中的言語，反而容易流露其原來的心態。

「有空再去玩啊！」「有空再來拜訪。」我們常會聽到「有空」這樣空泛的名詞。喜歡說「有空」、「有時間」的人，多半做事沒有計劃性，在工作或日常生活中，經常都會有缺失。

此外，這些字眼只是客套，隨便打招呼用的，千萬不要當眞。如果對方眞的想來拜訪，一定會清楚說明確定的日期以及時間。

劇作家飯澤匡先生，在觀察他人時，喜歡用「好嗎？」人種，以及「就這樣！」人種，非常有意思的區別法。

所謂的「就這樣！」人種，說話時喜用「就這樣」作結尾語——「這件事就這樣決定！」總是以教導人的語氣說話，似乎將對方看得較低下，略顯驕傲。

另外一種「好嗎？」人種，凡事都不忘徵求對方的同意，「這件事這麼做，好嗎？」把自己和他人放在同一水平上。

廁所中的觀察人法

某位重要幹部，曾說了一段令我驚訝的話。他說每當要測試公司新進人員時，他會選擇廁所，在那兒觀察新進人員會以何種方式向他打招呼。

正在上廁所時，如果上司剛好進來，大部份的人都會感到驚慌失措。

在這樣的狀況下，他們會擠出什麼樣的招呼方式，正是觀察的重點，只是這種方法有些惡作劇。

大部份的人會將視線移開，裝作沒有看見。他推斷這些人是——馬馬虎虎，只要多加指導，就能成才。

有些人會若無其事的對他說早安；有些人則是上完廁所後，在門外等他出來，再打招呼。

這兩類人，他都會仔細的加以教導。

能夠若無其事的向他打招呼的職員，具有勇氣，行動積極，但是，有時可能會打破常規，與他人發生糾紛，在拜訪客戶時，也可能爲公司帶來麻煩。

而在門外等待上司出來打招呼的人，可能太過於自覺是新進人員的身份，表現傾向消極，在教育上，也是頗爲棘手的人物。

像這種在對方鬆懈警戒的狀態下識破本性的觀察法，還有很多。

美國大財閥，約翰·D·洛克斐勒，也喜歡以這種方法來觀察員工，以了解這個人在同事眼中的評價、做事的方法、生活的環境等等眞相。

例如：在星期天拜訪職員，看看書架上放什麼樣的書，聊天的話題也事先經過研究。

還有一個故事也很有趣，妻子表面若無其事，卻一眼看出丈夫風流的證據。

看見丈夫從各個酒吧、夜總會帶回來的火柴盒，做妻子的，多會逼問一番。我所認識的某位女性，也不例外，可是後來她卻不再這麼做。

她只不過把火柴盒上的餐廳名稱記下來，也不多說什麼，但是，當不同餐廳的火柴盒增多時，這位才開始逼問丈夫，效果顯著。原來，這時她的丈夫正打算與酒吧老闆娘譜一段風流戀曲呢！

光看接待室就能了解公司的秘密

相信很多人都有過在接待室等待會面的經驗，如果只是呆坐在那兒喝茶，而不利用時間研究即將會面的對象，機會稍縱即逝，表示你不懂得與人交往的技巧，無法掌握推銷的時機。

進入招待室後，要注意牆上的月曆、桌上的火柴盒。一般這些東西，都是由有交易往來的廠商送的，藉此，便可知道這家公司與哪家銀行、哪家公司有交易關係。

由月曆、火柴盒這些小東西，就可知道意外的機密。老練的查稅員，最注重這些細節，原因即在此。

如果打算和這家公司進行交易，就應若無其事的把月曆、火柴盒上的記號，或銀行名稱記下來，可能會有意外的發現。月曆上的銀行名稱和火柴盒上的銀行名稱可能不同。一般而言，月曆上的銀行名稱，多半是這家公司的主力銀行。

另一樣應該注意的東西，是牆上的時鐘。如果時鐘停了，表示這公司的人事管理不徹底，或公司本身有缺失。相反的，時鐘準時的運轉，則表示公司的人際關係很穩定。

公司女性接待員的禮貌，也是注意的重點之一。端茶時，客人的茶附帶茶托，公司內部職員的茶，則未附茶托，表示這公司的職員，做事很仔細。

訪問的公司或住家，客廳內常會放置照片以及擺飾，這些東西，多能反映訪談時對象的個性和特徵。

接待室內常會擺設一些主人想要展示爲衆所知的物品，比如高爾夫球的紀念獎盃、獎牌，或擔任名譽職位的獎狀，擺在客人正對面的，一定是他們最感驕傲的獎項。

對於擺設的照片，不光要注意本人，也要注意合照的對象。一般而言，會與政治家合照的人，權力慾望和自我表現的慾望較強。此外，與演藝人員合照的人，多半希望得到喝采，金錢慾較高，但卻對自己的學歷及家世感到自卑。

更要注意房間內懸掛匾額的文字，標示有「家訓」、「社憲」的內容，多半是他們的座右銘或生活態度。日本住友銀行的分行總經理室內，便掛有「三年內能送米」的商訓。任何生產在剛開始時，都必須抱持著在三年內不但能成長茁壯，還要發展到本店可以支援分店的打算，這是鼓勵、警戒的話語。

D 男女戀愛的「關鍵」

開玩笑的心態下所產生的戀情

在德國納姆堡製造，外銷到紐約去的梳子，卻締結了良緣，成就一個美麗的故事，這個眞實的故事，令邱比特都不禁泛起微笑。

美麗的莉芙塔特·愛普夫雷爾，在德國納姆堡一家外銷梳子的工廠擔任包裝的工作。這工作單調而又忙碌，同事們都很不喜歡、不滿意，只有莉芙塔特一點也不厭倦，看著美麗的梳子，被包裝好直到送出廠，頗能滿足他天馬行空的幻想癖。

有一天，愛玩的她突發奇想，把自己的姓名住址塡在顧客意見詢問卡上，連同梳子一起包裝起來，送到美國紐約的商店中販賣，後來買下這把梳子的，是經營食品行的洛巴特·普雷特。

他是位好青年，七年前隨父母由德國遷至美國，一家人都很努力工作，後來，更擁有一家不小的食品店。洛巴特無意中選購的梳子內，竟然有一封信，看完之後讓他不自禁的懷念起遙遠的故鄉。

七年來，他的英語更加流利，也很能適應這兒的生活，幾乎認爲自己是道地的美國人了。但是，他卻無法忘記德國的故鄉，在鄉愁的牽動之下，寄出了一封回信。

不久之後，他又接到了莉芙的來信，便開始了書信往返，雖然隔著遼闊的大西洋，兩人的感情卻日漸親密，終於，洛巴特親往德國拜訪她的家庭，兩人更訂下了婚約，成就一段佳話。

探索一見鍾情的神奇

男女戀愛的過程愈是戲劇化，愈令人難以忘懷。許多以愛情爲主題的名畫，便是將記憶中最刻骨銘心的一幕，展現在畫布上。

著名的電影『魂斷藍橋』中，男主角羅勃泰勒與女主角費雯麗，在滑鐵盧橋頭上相遇的情景，是最令人印象深刻的一幕。

還有，一個美國人海米茲在旅行途中，與一位有婦之夫一見鍾情的電影「旅情」中，餐廳的那一幕，讓人至今難以忘懷。

邂逅，在戀愛的過程中是非常重要的轉捩點，在什麼時候、什麼地方、什麼樣的情況下，兩人相遇相戀，是否能夠掌握契機，會使得發展的結果完全不同。

在相見的一瞬間，就被對方吸引的情況相當多，所以，一見鍾情並非不可思議的現象。

雖然兩人並未深入交談，對彼此也並未完全了解，但那一刻，如同觸電似的震撼，使得許多人做下了終生無悔的選擇。

布倫茲威克進行了一項實驗，他把臉型相同的歸類在一起，但把眼睛的位置、鼻子的高度、嘴巴的形狀等，加以調整改變，然後讓被實驗者看。調查結果發現，調整前和調整後所產生的印象，十分不同。

相親或是一見鍾情式的戀愛，可能是無意間發現對方與自己在某個特徵上非常相似，因而發展戀情。比如，突然發現對方的眼睛和自己的好像，會產生一種特殊的感情，對待他和別人就不太一樣。

不論男女，對自己身上的特定某一部位，會較具自信，一旦遇到了與自己有相同特徵的異性，很容易就一見鍾情，彼此互相吸引。

據說，長髮女郎很容易對有鬍子的男性一見鍾情，卻對禿頭的男性深具免疫能力。這可能是因為一般女性對頭髮、髮型都頗重視，比較之下，禿頭男性能得青睞的機會就少多了。

對自己的牙齒甚為自豪的人，很自然的會對擁有一口美齒的對象一見鍾情，而對有口臭，或牙齒不整齊的人有成見。

雖然不是俊男或美女，但若想使戀愛成功，要了解對方到底喜歡你的哪一部份，巧妙運用這點心理作用，當然會有所幫助。

一見鍾情還有一個有趣的現象。

臉的部份特徵與自己相似的對象，生日愈接近，一見鍾情的可能性就愈大。

大致說來，男性的生日，會比一見鍾情的女性的生日早一個月左右。如果女性的生日比男性的早，通常這個男性是懼內型，容易發展成由女性掌握主導權的戀愛。

何謂戀愛的暈光效果

當一個人站在閃耀的太陽光下時，很難看淸他的長相和外表，因爲陽光過於眩目，使你無法看淸事物。心理學上稱這種情況爲暈光效果。所謂的「暈光」即是背光，閃耀的光線來自後方。

人的印象也有類似的效果。自己喜歡的異性，即使有些缺點，也會將它美化，視而不見，「情人眼裡出西施」，就是典型的例子。

曾經與高額頭的美女交往，擁有美好回憶的男性，會認爲自己適合和這類型的異性談戀愛。戀愛中的男女，即使只看見對方一點好處，也會覺得他什麼都好，這是暈光效果的作用，有很大的影響。

與異性交往時，要利用第一印象的暈光效果，製造「關鍵」，必須淸楚對方對自己的印象及看法，調查自己的暈光效果。若對方將自己歸類於某一型態中，可能就是無意中產生的暈光效果。

若想和對方進一步的交往，就必須製造正面的暈光效果，讓對方留下好的印象。例如：演藝界的新人，接受訪問時，多會考慮到暈光效果，而在笑容、表情、手勢等方面下工夫研究。

初次見面要看什麼地方

根據調査，不論男女，在初次見面時，首先會看對方的眼睛，佔百分之四十三，其次是看嘴巴，佔百分之二十八。

或許就因爲注意眼睛的比率較高，所以眼睛美麗的人，容易留下好印象。尤其，擁有大而明亮眼眸的女性，較易博取男性的好感。同時，人們認爲眼睛美，內心也會很美。

有位心理學家以女性臉部的照片，進行實驗。他把其中一張照片的瞳孔修飾的大一些，另一張則修飾的小些。

將兩張照片加以比對，雖然臉型相同，但得到的印象卻不同。大部份的人，都覺得瞳孔大的那張女性照片，較具魅力而心生好感，認爲瞳孔較小的女性，看起來冷淡，甚至有些可怕。

因此，男女相遇時，對眼睛的印象好壞，有很大影響。

美人是創造出來的

職業女性能夠得到衆人信賴，發揮實力者，她們的共通點是「臉」都很美。所謂的臉美，並不是說具有模特兒，或電視演員那般美麗的容貌，而是說，她們洋溢著對工作的熱誠，使人對之充滿信心的工作美，兩者是完全不同的。

當她在作商品說明或想說服你時，會讓妳有種奇異的安心感，在工作上能展現成果的女性，還是要靠「臉」來決定勝負。古希臘聖哲亞里斯多德曾說：「美人具有比介紹信更強的推薦效果。」也就是說，任何人都不可避免的深受美麗吸引。

美國的心理學家，做了以下的有趣實驗。

讓大學生在照片中挑選「具有好感的女性」以及「不具好感的女性」，發現「具有好感的女性」看來都像美人。同樣是購買商品，大部份人都會向具有好感的女性購買，這是非常自然而有趣的現象。

但是，如果「好感」是建立在「美人」的基礎之上，對自己沒有信心的人，不就很不利了嗎？其實，所謂的「美人」與外表容貌上的美麗，有很大的差距。

美國心理學家M·威夫斯塔，由八〇〇張照片中，挑出了「美人——具好感的女性」以及「不具好感的女性」各四張照片。

首先將她們的髮型、服裝加以改變，讓人之前的印象完全改觀，然後，再拍攝照片讓學生挑選，結果出現了全然不同的情況。

即使有一張美麗的臉孔，但表情陰暗、冷淡，感覺起來一點也不美。許多人認爲的美女，事實上是她整個人給人的綜合印象，說話的聲調、人生觀、髮型、服裝等等整體的表現，而不光是臉孔的本身而已。

改善臉的智慧

美國的社會心理學家作了一個實驗，讓男學生打電話給一些公認的校園美女。事先便告訴他們，「現在與你們通話的，未必都是美女哦！」讓這些男學生們，發揮自己的想像力，與對方談話。

實驗的結果，男學生若認爲對方是美女，談話態度會很親切，若感覺對方毫無魅力時，態度就冷淡下來了。

也就是說，即使看不到對方的長相，男性仍有許多的幻想及反應，只要他「覺得」對方是美女，就會表現得很殷勤。

女性的確是靠「臉」決定勝負，但是，臉的美醜並不能左右所有的觀感。

由前述電話的實驗可以了解到，學生們是由對方的說話方式、話題，或者是感覺對方人品如何，來推測是否爲美女。

女性的外貌，以及給人的印象，常受到生活環境的影響。在酒吧工作的女性，身處在這種環境中，學習的是一些如何取悅男性的技巧，例如：服飾、化妝、說話的方式和內容、表情、動作等，都配合了男性的愛好，久而久之便培養出職業化的臉孔與氣質，使人一看，就知道從事的行業。

空中小姐和飯店女服務生，各自有她們對工作的信心以及尊嚴，都是爲顧客服務，但是，她們的臉孔和給人的整體感覺，就十分不同了。

不同在於本身的自信，和對工作的驕傲感。若感覺自己是衆所矚目的焦點，會展現魅力，表現出最美好的一面來。人類的面貌眞是奇妙！所謂相由心生，內心的想法會透過臉孔而表達出來，一個心懷怨懟、焦躁不滿的女性，即使容貌再美麗，旁人也感受不到她的魅力。

人類的外貌會隨以下三種因素而產生變化。

(1)生活的要素（疾病、體質、體調）。

(2)社會的要素（人際關係、職業）。

(3)心理的要素（壓力、煩惱、自信、快樂）。

已故美國總統林肯曾說：「人過了四十歲後，要對自己的面貌有自信。」但是，面貌會因生活態度和以上三個要素而改變。

這些變化並非只出現在四十歲時，事實上，隨時都在改變，例如：任何人都會覺得即將步入禮堂的新娘，深負魅力。

重視心理問題，才是人更美麗的根本辦法。一流的美容整型醫生，製造出來的美麗，是暫時而非永久的。

有些明星在接受了美容整型之後，幾年內又失去了觀衆的喜愛，甚至面相比整型前更可怕。雖然容貌變得美麗，但是心卻無法感應，效果仍然十分有限。

要使自己美麗，與其進行整型美容，不如進行自我心理改造，也就是在日常生活中，和自己的心靈交往，才是根本的辦法。

第二章

利用商業工具掌握「關鍵」

A 利用名片製造「關鍵」

加強印象的遞名片法

名片具有重要的作用，尤其是商業界，它代表自己的身分與職位，也產生許多見面的趣聞。

傳遞名片的方式，對吸引注意或受到忽視有其影響。大部份的人，只是默默遞出，因此容易受到忽視，若能在遞出名片的同時，介紹自己的公司和姓名，較能吸引對方的注意。

在傳遞名片時，要讓對方的注意力集中在你身上，使對方儘早記住你的名字。切記最好把名片親自交付到對方手裡，才能加強印象，而不要放在桌上，因爲有可能會一直擱在那兒，無人理會。

接到對方的名片時，應該小聲重複一遍名片上的職稱及姓名，任何人都希望受到尊重，當姓名被提及時，內心的滿足感會提高，這樣對方也會給予你同等的尊重。此外，對對方的名片要加以重視，仔細過目、保存。

你對名片是如何處理呢？

名片的顏色不只限於「白」色

有些人雖然接受了名片，卻並未留下印象，過了一段時間，甚至連名片主人的樣子也想不起來了。所以，重視人際關係的人，會在名片上下工夫。

我曾擔任一個講習會的講師，其中，有位參加講習的年輕社長，給了我一張令人吃驚的名片，它是黑色的，打破了一般白色名片的慣例，使人印象深刻。

他就是有名的近藤昌平先生，從小攤販做起，到成爲著名西式點心製造販賣公司的董事長。二三歲時，在愛知縣一宮市創立了公司，七年後擴展至名古屋，一九八六年業務及於美國，公司急速成長，成績斐然。

這公司的營業方針與其他公司的不同點，在於專門供應特殊場合及目的使用的糕點，如公司創立紀念、服裝秀、以及節慶祭典等，所以，每年的營業額都持續成長。

近藤昌平先生是這公司成長的原動力，他具有獨特的原創力，黑名片便是他的傑作。黑色的大名片，印上燙金的活字體，效果十分突出。

有些名片令人印象深刻，有些則效果不佳。以往，住友銀行在外工作的行員，一律使用藍色的名片，一來藍色使人在心理有安全感，另一方面，只要看到這種名片，就知道是「住友的人」，可塑造公司的整體形象。

東京池袋的豆腐製造商——天狗屋，則使用紅色的名片，因爲紅色很顯眼，在一堆名片中，很容易就可以找到。

對接到名片的人而言，黑色或紅色的確會造成震撼的效果，一旦看過就難以忘懷，找起來也比較容易，因此，比其他公司能掌握更多的機會。

東京豐田公司的推銷員，使用黃色的名片，效果也很成功。黃色，在機械及速度方面，意味著安全，用在汽車廠商身上十分理想。

名片的顏色還有很多種。

東海汽船的會長，尾上浩彥先生，擁有七種顏色的名片，依對象、場合的不同而區別。工作上的對象給白色的名片，旅遊時遇到的人，則遞上藍色的名片，而在酒吧碰到的人，給粉紅色的名片。

知道的人，會想蒐集一整套七種顏色的名片，的確能加深印象。

有一幅漫畫，讓人在七色名片中，抽出一張，藉以判斷對方的性格，每一張名片都是線索。甚至還發展出「名片相術」，所以不要以爲只是一張名片而不加重視。

外國的各種名片

根據一九八九年扶輪社八月號的雜誌中介紹，歐美地區在名片上下工夫的人，愈來愈多。

有世界最佳汽車推銷員之稱的約翰·吉拉德，會在球賽最高潮時，將名片撒向空中，撿到名片的人在想購買車子時，與他聯絡的機會大爲增加。

廣告公司的幹部，馬雷·拉斐爾，他的名片是兩段式的，打開時會跳出紙製的打字機，寫著「你要找的打字機是我嗎？」據說，這名片的成本，每張高達一美元。

一家名叫迴紋針的美國公司，在印有公司名稱的塑膠盒裏，放入各種顏色的迴紋針，代替名片。

橡膠製品公司，用橡膠製的名片。攝影師將名字印在底片上，再將底片貼在名片上。爲了加深對方的印象，眞是出盡百寶，無所不用其極。

此外，也講究發出名片的技巧。例如：將自己的名片貼在顧客常出入的地方、商店的櫥窗、牆上，讓人一眼就可看到。在日本，某特定商業的宣傳手法，是將名片貼在公共電話亭的牆上，當時曾蔚爲風潮，的確達到效果。

還有人把名字印在T恤上，把名片貼在時鐘上等等，一些出其不意的構想都出現了。

費心設計的名片，的確能吸引注意，加深印象，並且可使你在工作或人際關係上，掌握機會及關鍵。但是，仍須注意以下幾點：

(1)公司名稱的字體，必須容易閱讀。

(2)如果姓名的文字較少見，應該花點工夫讓人容易記住，或乾脆附上注音符號。

(3)住址要正確。

(4)電話號碼的數字最好加以強調，即使在黑暗的地方，或是老花眼都能看得一清二楚。

(5)傳眞號碼也要印上去。

(6)除了文字以外，印上標幟或照片更能加強效果。

(7)可在名片背面，附上對對方可能有用的資訊。

B 以電話製造「關鍵」

讓對方想要「和你見一面」的心理技巧

現代是資訊科技發達的時代，在上門拜訪對方之前，先透過電話打聲招呼，建立關係，是較穩當的做法，因此，電話是工作上不可或缺的工具。

未曾謀面的人，透過電話交談，和普通、日常生活上的應對不同，必須懂得一些心理上的技巧。

最近，以電話訪談的方式來進行推銷或客戶服務的工作增多了，例如：推銷不動產、證券商營業員的諮詢服務，以及其他各種商品推銷，都是透過電話進行。

比起挨家挨戶的拜訪方式，電話訪談當然是輕鬆多了，但是，電話訪談也必須講求技巧，一句話，可能會引起對方的不快，也可能因而建立良好的關係。

前些日子，我接到某家不動產公司打來的電話，推銷員劈頭就說：「老闆您好！請問您有沒有想過要如何節稅呢？本公司預定推出的大廈式住宅，正是針對您的需要而設計的……。」

他似乎不了解我的工作性質，以及我所居住的地區，可能是由國稅局的所得稅資料中，找到我的電話、地址吧。

他又附帶說明：「這間大廈深受好評，正熱烈銷售中，只剩下一間哦！您最好儘快下決定，才能搶得先機。」想以購買不動產來逃稅，這種想法已經落伍了。對他的話我充耳不聞，只憑一通電話就想把房子推銷出去，別人又何必辛苦工作呢！

三天後，我又接到他的電話。

「您考慮好了嗎？我將相關資料送到您那兒去吧。」

「坐南朝北，這房屋的坐向不好。」當我這麼說時，他馬上答道：

「沒問題，我們還有坐北朝南的房子。」

「你不是說只剩一間空屋嗎？」

「我馬上去拜訪您！」

「不用了。」咔嚓，我掛上電話。爲了推銷業績，不惜欺騙客戶，眞是不擇手段。

電話推銷看似簡單，但是，比起傳統上門拜訪的方式，未見輕鬆，稍一不愼便易引起誤解，所以必須運用電話心理技巧。

如果，能掌握技巧、運用得當，電話推銷的確能夠獲得更廣泛的顧客，業績長紅。推銷員實際拜訪各客戶，一過最多只能做二五〇件個案，但若以電話推銷的方式，至少可完成二〇〇〇件的推銷個案。

一九六〇年代以後，在美國有許多公司以電話推銷，而使得業績急速成長。最明顯的例子是福特汽車公司，以電話推銷的方式，成功的挽救了業務衰退的危機。現在，國內的許多企業，都懂得巧妙利用電話作戰的方式。

美國百科全書在日本非常流行，他們有很多懂得製造推銷關鍵的訪談員。通常會在事前以電話溝通，引起對方的興趣，想和他們見一面、談談話。

他們的共通點是絕口不提「推銷」，而直接詢問對方「想不想買本書啊？」但如果對方是位企業的老闆，則又有不同的應對技巧。

「我叫小野，美國百科全書的×××（職稱），紐約總公司指示，特別派我來拜訪董事長，不知董事長是否方便。」

以往的推銷員，可能直接找上門——「我是百科全書的推銷員」，然後費盡唇舌的熱心推銷。

但是，利用電話只說了以上的簡單話語，百分之六十的人，都會產生想見見對方的心理。從心理學的角度而言，那些話有以下的效果——

(1)小野是美國方面派來的重要人物，而不是推銷員。

(2)重複兩次提到董事長，喚起對方的優越感。

(3)「紐約總公司」「特別派我來見董事長」，會使對方認爲可能與公司利益有關，自然會加以重視。

光是這通電話，就使成功的可能性大爲增加。

選擇對方方便的時間帶

以電話獲得成功的關鍵，在於時機的掌握。即使是能讓對方賺錢的資訊，但在星期天晚上全家聚在一起看電視時打電話去，很可能會被對方毫不客氣的切斷。

依對方的職業、年齡、社會地位及生活形態的不同，而有「方便的時間帶」和「不方便的時間帶」之分，好比家庭主婦，有時很忙，有時空閒。在對方忙得不願去應付你時，要詢問方便、適合的時間，然後儘快掛斷電話，才能達到效果。

一般而言，具有以下的情形。

(1)打電話給公司主任級以上的職員

※上午八點半~九點半……這是請對方秘書或其他連絡人替你傳話的最佳時間帶。此時，正是公司內開會最忙碌的時段，對方不太可能接電話。

但是，要注意避開星期一。每個星期一的這個時刻，是電話最混雜、頻繁的時刻，此時打電話去，可能會得到反效果。

※正午到一點……這個時間大部份人都正在用餐，談私人電話，事情較能順利進行。

※下午一點半到三點……在這段時間打電話很有效果，此時公事活動最頻繁，電話較多，會想把重要事件趕緊處理完，對公事上的電話態度較積極，效率較高。

※下午四點到五點半……工作步調變得機械化，感覺疲勞，想放鬆的情緒高漲，談話內容也不限於公事方面，有時是頗富社交意味的下午茶時間，這段時間不論是在做決定，或訂約會等都能達到效果。

(2)打電話給家庭主婦

傍晚打電話給家庭主婦的人，是差勁的推銷員，只想解決自己的工作問題，完全不考慮對方的立場。傍晚五點到六點左右，是家庭主婦準備晚飯的時刻。

也許，對方可能不在家，但即使在家，若因爲你的一通電話，而使得菜燒焦了，一定會引起反感。每個家庭都有其生活規律，以及時間步調，也都不希望這種規律被打破。

這時，如果你打電話去推銷房地產，不僅會對個人反感，也會對公司產生不信任感。

每個家庭或家庭主婦，都會有一段不願受打擾的時間帶，應該要對此加以研究，才能掌握推銷的機會。

•清晨七點鐘打電話必須考慮

這個時間，大部份人都在吃早餐、看晨間新聞，若此時打電話去，人家都會不高興。

•雨天和大晴天的上午

天氣對於時機會造成很大的影響。在大晴天上午十點之前，家庭主婦忙著洗衣、曬衣，沒空應付電話，但是，如果是下雨天，接電話較不會產生抵抗感，甚至有時會藉電話打發時間。

※上午八點十五分～八點半

這個時間有許多好看的電視節目，最好等節目播放完畢再打電話去，比較不會出錯。

※上午九點～上午十一點……家庭主婦多半會利用這段時間和親朋好友聯絡，雖然電話有可能打不進去，但卻是推銷的絕佳時機，尤其當美容院或百貨公司休假時，效果更理想。

※上午十一點～午後一點……這是午餐的時間帶，最適合和家人或朋友聊天，不過，如果電話響了五次以上都沒有人接，表示沒人在家。

※下午二點～四點……購物時間，主婦多半不在家，三十歲以下的主婦，在家照顧孩子的機會較大，四十歲以上則外出率就比較高了。

※傍晚五點～七點……這段時間，主婦們多半在家，連絡到的機會高，但是，也可能忙著準備晚餐，無暇應付電話。

※晚上八點～九點……這是一天中最輕鬆的時刻，接到電話比較不會有拒絕的態度。

此外，不同的日子也會有不同的形態。家庭主婦的星期一多半忙著收拾週日的殘局，即使對男性而言，星期一是一週的開始，工作也會較忙碌，這些細節處不可忽略。

打電話的最初一分鐘乃是關鍵時刻

見面的最初三分鐘，是建立良好印象的關鍵時刻，以何種面貌與對方見面才能博取好感，如動作、妝扮等等都是關鍵所在。

但是，打電話時勝負決定於最初的一分鐘，最初的一聲是決定印象的重要關鍵。當對方拿起聽筒，聽見你的聲音的最初三十秒，可說是最能影響心理的時刻，如果不能配合對方的步調，也許會使他喪失和你談話的慾望。

當對方接電話、報出姓名時，如果你仍一言不發持續三十秒，對方會開始焦躁，對打電話人抱持著警戒心。

以下是在最初一分鐘內掌握對方心理的重點：

(1)報出自己的姓名以及公司名稱。

(2)說話方式要爽快、明朗。

(3)不要在雜音很大的地方打電話。

(4)說話時，要當成對方就在你面前。

自報姓名時，最好提及對方認識的介紹人，或販賣的商品名稱等，以加深印象。

如果不是秘書或他本人接電話，不要直接說明原因，以免造成不良的影響。重要的事項最好告訴本人，你可以回答對方「我有重要的事情要告訴他」或是「有件事一定要告訴他本人」等等，曖昧的表現通常成功率較高。

此外，發音要清晰、音調要明朗，使對方容易聽清楚，如果用低沈、含混的語調說話，對方又看不見你本人，很容易引起誤解，懷疑你的品格，造成不良的第一印象。

打電話時，最應該注意的是周圍的雜音。通話時，對方會很努力的聽電話那端傳來的話語，如果他聽見的是麻將聲、女性高聲談笑的聲音，可能會因而懷疑你的人品與行爲。

將對方當作就在你面前似的打電話，溶入感情，自然流露對對方的敬意，以尊重的姿態和對方談話，相信你的感受能藉著聲音傳達給對方了解。尤其當與重要人物通話時，最好在附近擺個鏡子，一邊說話一邊注意鏡子，會有意想不到的效果。

打電話時的動作、姿態，對談話具有意料之外的影響。

利用電話的聲音了解對方的性格

現代人雖然很少或偶而才見面，但仍會以電話保持聯繫，也因而無法看到對方的表情，只能以聲音來判斷事物。

看起來似乎不甚理想，但透過電話反而較能注意傾聽對方的話語，在某些情況下更為方便，尤其一些面對面時難以啓齒的事情，在電話中較容易說出口，藉著聲調想像對方集中注意力的姿態。依照對方姿態的不同，也許能了解他的性格、特徵。

(1)在談論重要事項以前先說一些無關緊要的話

這類人多半沒有什麼自信，雖然有話要說，卻不知從何說起。藉著一些無關緊要的事情，希望能夠找到適當時機，可能是有求於人，又無把握對方會接受，才會有這樣的表現。

(2)說話敏捷迅速的人

一般而言，這類人神經緊繃，對重要的事項迅速表達出來，希望對方能照著自己的意思行事，雖是勤勉家，也可說是野心家。頗以自我為中心。不輕易讚同他人的提議，神經相當緊張，對他人不明白的事情，總是迅速帶過，而不會慢慢說明。

(3)談話中，突然插入其他話題

突然插入其他話題打斷談話的人，可能與生俱來便有矛盾性格，在說話以及行為態度上的表現，都很矛盾。這種人通常緊閉心扉，不尊重他人的想法和提議，但是，卻要求對方認同、支持他的意見。

(4)說話雖快，但卻支離破碎缺乏組合性

這型人多半性格散漫、輕薄，思考過於快速，以致言語無法與靈活轉動的心志配合，對他所說的話，聽過就算了，無須重視。

(5)對你說的話，只知唯唯諾諾的人

對自己沒有信心，很容易擔憂，立刻就贊同別人的意見，但並非喜歡拍馬屁。不論何事，動不動就「贊成」，不要期待他能做出明確的表示、或清楚的表達自己的意見。除此之外，有些人性格內向、害羞，欠缺創造力，無法產生建設性的行動。

(6)在談話中，長時間保持沈默

這種表現可能是爲了試試對方的反應。並非對事情躊躇不決，而是有計劃性、小心謹慎所表現出來的沈默，這樣一來，對方爲了打破沈默就會開始行動了。

藉此就可瞭解對方的期望及目的，甚至將對方引導至自己所希望的方向前進。因此，若爲對方的沈默而焦躁或方寸大亂，你就輸了，對方可是非常狡猾的聰明人哦！

(7)大聲吼叫的人

這類人性格陰險、缺之禮貌，雖然理由不夠充分，卻想憑藉嗓門大而使對方屈服，順從自己的意思。要對付這種人，最好的辦法就是把他的話，一字一句都聽仔細，保持長時間沈默，不表示任何意見、面無表情來擾亂他。

(8)不管在任何狀況下都小聲說話的人

非常害羞且大多不太聰明，常須由對方溫柔的催促，才會開口說話。

但是，如果不管再怎麼表示，對方仍然持續小聲說話時，可能就不是性格問題，而是有計劃性的行爲了。採取守勢使對方產生不快，因而主動說話或放棄意見。

這類人的目的，是要對方先開口說話。用小且難以辨認的聲音說話，效果會比前面所述及計劃性的沈默更加理想。這時最好的辦法，就是跟他一樣用非常小的聲音說話，以其人之道還治其人之身。

(9)用甜美的聲音說話的人

可能是希望別人覺得自己很可愛，而以這樣的方式說話。這型人原本感情很專注，有時會因為某些事難以開口，而以聲調掩飾，因為明白自己如果說話時語氣太強，可能會使願望落空。所以，說話聲音甜美，並不能代表此人性格寬大、溫柔、多情明朗，不要為其所蒙蔽了。

⑽持續咳嗽或清理喉嚨說話的人（沒有感冒的時候）

想要爭取一些時間、或掩飾些什麼、不了解對方說話的內容，或者是不知該如何回答以自圓其說等情況，都會採用咳嗽的方式掩蓋過去。

當對方表現出這樣的態度時，自己應該要更加努力說明，不要焦躁，仔細的慢慢的解釋較具效果。

第三章

掌握幸運的「關鍵」

A 得到幸運的「關鍵」

成為首相也要有運氣

一九九二年是日本政治局勢非常混亂的一年。被視爲絕對多數、政權穩定的自民黨?先是竹下登首相因爲招募事件而下台，接下來的宇野內閣也因爲緋聞問題，只有三個月的壽命。後來，自民黨又在參議院的選舉中慘敗，因此，出人意料之外的海部首相，被挑選出來成爲國家最高的執政長官。以自民黨內部的派系勢力來看，河本派的海部先生是屬於少數派，能成爲首相，實在是脫離常軌。這一切，都是由竹下派的年輕領導者，擔任幹事的橋本龍太郎所造成的。

雖然自民黨一再要求改革，但是五二歲的橋本在挑選總裁時，卻否決了安倍、宮澤、渡邊等人，想成爲下一任總裁的可能性。非常注意主流系如竹下派、安倍派的橋本，不可能讓這一派系的人出任總裁，因此，選出了不具實力的海部先生，比起竹下、安倍、中曾根派等人，他較容易控制，令人較安心。

普遍說來，海部能被選爲總裁的機會實在很小，但他卻登上日本政治頂尖寶座，總理大臣的位置，由此可知，雖有能力，卻不見得能掌握到機會。出乎意料的事情陸續發生，海部在不知不覺中掌握了出任首相的關鍵。

這樣的情形不只發生在政界，活躍在社會各界第一線的人，有些能夠掌握幸運的關鍵，而有些卻讓關鍵流失，雖然幸運就在眼前，卻擦肩而過，失之交臂。

凶運變成幸運的關鍵

任何人在接二連三的倒楣事件發生時，卻會急於脫離惡運，但往往可能過於焦躁，而無法隨心所欲達到目的。

觀察各界的成功人士，他們看待事物的角度和常人不太一樣，衆人覺得倒楣、不好的事情，對他們而言卻是人生的轉機，幸運的關鍵。

GLYKO的創始者，江崎利一先生在創設新公司時，正逢不景氣的年代，當時他四二歲，四二歲是所謂的「厄年」，因此家人朋友都大爲反對。

換成其他人也許會就此放棄理想，但是，江崎不同，「現在是最惡劣的時刻嗎？但只要加倍努力，一定會有好轉的時候到來，即使大家都認爲不可行，我也要試試看。」他這麼想。因而打下了今日的基礎，十年後又發展新產品，有足夠的能力對抗經濟不景氣。

現在在日本演藝界具有絕大勢力的吉本興業，能夠建立吉本王國，是靠吉本吉兵衛和他的妻子阿靜。

尤其阿靜有遠見，具有企業家的高明手腕，以及準確的決斷力，使得事業不斷擴展，的確有豐富才能。

一九二三年九月一日發生了著名的關東大地震，東京遭到致命的破壞，接到通知的阿靜立刻送米及毛氈給東京的藝人們，她的心意令他們非常感激，爲了回報她，在大阪上演「花月」時，許多要靠拜託的名人都來了，高朋滿座，觀衆席上連日爆滿。

對於想要進入東京的吉本興業而言，關東大地震無異給了他們絕佳的機會。

不僅是吉本興業，關東大地震也使得許多在這場災難中積極努力的企業獲得了成功。

這當中還包括了日本交通業界的川鍋秋藏先生的事蹟。地震後，東京幾乎全毀的消息傳來，川鍋了解到東京交通瀕臨癱瘓的狀態，他認爲人們一定需要用到車子，將附近城鎮的車輛，用船載到東京市，而開創了大地震後第一號計程車事業。

當時經營「本鄉酒吧」的岡本正次郎，災後回到東京，在淺草搭起帳棚來開店營業，成績很出色。

對倒楣、不幸的事情，處理的方式不同，對人的影響也就不同。

有些人認爲「一切都已經結束了！」有些人卻認爲總得試一試，以積極的態度來處理事物。在大多數人陷於混亂、缺乏做事的勇氣時，能積極迎向工作的人，才能夠掌握打開財運的關鍵。也就是說，朝大多數人的「逆」前進，才能夠掌握機會。

要「脫離」不景氣的時代，可以採用如下的數種方法。

①積極、攻擊型——考慮以推銷或投機方式賺錢的積極方法。

②防衛、節約型——抑制浪費，毫不勉強地踏實賺錢。

③趁火打劫型——利用茫然的心理混亂情緒趁火打劫或借錢度過危機。

④轉向作戰型——開始從事與以往不同的事物，考慮新的行業或轉業。

⑤靜觀型——按兵不動，等待時機，不焦躁，融入自己的興趣或休閒活動中。

在不景氣的時代，很多立志傳型的經營者會採取「積極、攻擊型」的方法。日本在昭和初期不景氣的時代，葬儀社大發利市。在不景氣的時代下，出現葬禮盛行的奇怪現象。當時，計程車的租金一日爲五十錢到一圓，但靈車卻高達二十~三十圓。

同時，根據當時『中國民報』（一九三〇年一月二十三日號）的報導，不景氣中開張的生意數目如下：

飲食店（七二）　理髮店（四六）　藥店（一〇二）　娼妓（一九六）　藝妓（七一）

能引起性的情興或與健康有關的醫藥事業，受人歡迎。

在不景氣的時代考慮賺錢的生意，可參考如下的方法。

①利用舊報紙或雜誌，調查過去不景氣時代的賺錢生意。

②閱讀歐美雜誌，調查外國有而國內卻沒有的生意。

改變構想展現行動

現在雖然未必是不景氣的時代，埋頭苦幹不見得能解決問題。改變構想，對於推銷也是重要的課題，現在需要的是與以往完全不同的看法和知識，改變構想的心理技巧如下：

①多方蒐集資訊。

②從簡單的地方著手。

③站在對方的立場考慮。

④從大家都放棄的事情著手進行。

可以試著以上述四點爲主，改變構想。

首先從蒐集資訊開始。列一張表，列出目前最需要購買自己所推銷商品的客戶名單，以及購買的理由。同樣的，也列出不會購買這些商品的名單和他們的理由，以此方式整理自己所要處理的商品資訊。

最後，依順序列出五位，最想購買自己所推銷商品的客戶型態，從第五位開始進攻，若能獲得成功，相信對剩下的四位，也會擁有推銷的自信。

有的人會想直接由最大目標下手，但這樣做不見得有好處，應該儘可能從最簡單的地方著手。

例如：眼前有三個公司是你的目標，爲了與他們聯絡，你可能會開始找門路、做調查。但是，與其如此，還不如到他們附近的餐廳去打轉，利用吃午餐的時刻進行訪問，通常人在吃飯時，態度會較爲開放，以此爲關鍵，獲得成功的機會比較大。

站在對方的立場考慮的不只是推銷，對一般的人際關係而言，也非常重要。最近，披薩外賣的新構想非常成功，只要訂購美式的大型披薩，一定在限定的時間內送到，更有意思的是，廣告上說只要遲到一分鐘，就扣除七〇〇元日圓，到底是眞是假不得而知，但是，大部份的專賣店都會將披薩準時送達。

客人們看到時間快到了，就會想「太好了！又可以賺到七〇〇圓」。一邊看著時鐘一邊想，好像參加賽馬一樣，產生一種賭博的趣味。以客人的立場來觀察事物，這種構想好處就在於此，認爲只要遲到一分鐘，就能賺到七〇〇圓的客人，當然以後還是會向披薩店多訂購幾次披薩的。

也有人甚至因鋃鐺入獄的重大事故，而得到絕妙的關鍵。

前大阪商工會議所會長，杉道助先生，在一九二四年的總選舉時擔任實業同志會的總幹事。但是，因不懂選擇的規定，而違反選舉法被檢舉。

在服刑兩個月的期間，並不氣餒，不斷努力學習，下定決心用功讀書，以一天看完一本書的超級速度，陸續讀完許多政治、經濟方面的書籍，被釋放時，感慨萬千的向這間牢房揮手道別。

有「強盜慶太」之名的一代企業家——五島慶太先生，一九三四年參選東京市長時，因為賄選而被送到市谷監獄服刑，他當年五三歲，正是經營者的黃金時期，六個月的牢獄生涯對企業家而言，的確是一大打擊，但是，五島先生卻說：

「在獄中大部份人都會變得神經衰弱，甚至有人撞牆自殺，或是發瘋。這是人類最不幸的生活環境，有如地獄一般，但是，也就在此時，便能看出一個人平常的訓練與修養，若非具有膽識、抱負，或許會悶死也說不定，對此，我一直有因禍得福的觀念。在市谷監獄的日子，對我的人生而言絕非損失，由於與外界隔絕，過著封閉的生活，反而得到精神修養方面的知識，對我自己的確有很大的幫助。」

事實上，五島先生在獄中拼命苦讀，雜誌、小說、四書五經、法華經，連論語、孟子都讀過了。

一九四一年三月，最高法院宣判五島無罪開釋。

之後，五島的事業不斷擴展，在商場非常活躍，證明了他「因禍得福」的信念是正確的。

土光敏夫先生也同樣有過被拘禁的經驗，起因於所謂的造船疑獄事件，這次事件中總共有一〇五人被逮捕，土光敏夫過了二十天的拘禁生活。

後來查明他與此事無關，在他回顧這段經歷時曾說：「這二十天中，從牢裡的天窗看到月亮，覺得它眞美！」他緩緩的道來。

又感慨的說：「人的　生中常會遇上意想不到的陷阱，所以，一定要公私分明、潔身自愛，好好的過活才行。」

克服棘手的事

非常擅長演說的英國大政治家，溫士敦·邱吉爾，事實上，在他年輕時最害怕的就是上台演講，學校的課業也並不出色，尤其是數學和拉丁文，幾次都不及格。然而，他卻成爲名垂青史的傑出政治家。

以「相對論」獲得諾貝爾物理學獎的愛因斯坦，以前最討厭數學。

對於棘手或無法勝任的工作，有時，並不代表你沒有能力完成，常是由於對自己喪失了信心，而使得目標無法達到。據說，人類是「暗示的動物」，當別人認爲你不行時，原本可以輕易完成的任務，會變得錯誤百出，反之，人們若對你深具信心，就可發揮水準以上的能力。

要克服這種棘手意識，可嚐試以下四點，非常有效：

(1)不論如何，試著挑戰看看

就算失敗也沒有關係，情況不會更壞，試著去做做看，或許會有出乎預料的進展。

(2)想像事情順利的姿態

把事情往好的方面想。遇到棘手的事，先想像一下自己順利解決的情況，再動手實行。比如：對自己的口才沒有信心的人，可以想像在衆人面前演說，而大家都鼓掌叫好的情形。

(3)調查同樣有棘手問題而最後卻能克服的人

可以調查與你同樣有棘手問題但卻能克服的人，看看他的生活方式，用什麼方法克服問題。此外，可以閱讀傳記，或傾聽他人的經驗談。

(4)抱持樂觀的態度

面對任何事情都要抱持樂觀的態度，才能激發勇氣，停止悲觀的想法，多做些積極的構想吧。

B 在股票或投機的事業上獲益的「關鍵」

利用逆境掌握財運的關鍵

股價暴漲、暴跌的預兆……現今經濟局勢不穩定，想要說服他人購買商品，持續推銷活動，不如以往順利。以往只要幾次拜訪便能完成交易，現在即使花費了幾倍的心力，也未必能做成生意。

但是，回顧過去的歷史可發現，成功的經營者多是能在不景氣的時代中，努力不懈，而掌握幸運關鍵的人物。十幾年前，可說是推銷員環境最惡劣的時代，西元一九七一年就是很好的例子。

一九七一年八月十六日，尼克森發表關於美元防衛的聲明，震撼各國，當時東京股票指數大跌，引起各界恐慌。

根據當時『朝日新聞』的報導，橫濱市的中小企業經營者A先生，二月份購買五十萬股三光汽船股票，每股二〇〇圓，數月內價值暴漲三倍，淨賺二億日幣，結果因爲這個聲明，股價暴跌，反而貼了二億日幣。

群衆對「不景氣」的不安感逐漸昇高，對如何對抗不景氣的迷惘，日益加深。

經濟評論家們提出各種因應之道，有人說要緊縮日常生活費用，不要做無謂的浪費。有人說停止儲蓄，貨幣會不斷的貶值，應該要購買不動產保值。也有人說房價會下跌，還是存銀行較爲安全，利率由現在起會不斷提高。衆說紛紜。

到底應該聽從誰的意見，大家都感到困擾。這些「經濟學家」所提出的主張，都是經過科學合理的分析。

但是，經濟學家過於「專業」，只單純考慮到經濟現象或社會現象。反而是一些非經濟學者，他們更能多方面的掌握各種社會脈動。

在過去的歷史中，出現過比戰後更不景氣的狀況，而仍有許多商人渡過了這段時間，甚至大爲賺錢。他們之中，沒有任何一個是經濟學的專家，只是憑著直覺與構想，尋求能夠獲益的辦法，磨練自己對抗不景氣狀況的耐力和活力。

大多數的人遇到不景氣的狀況，會變得消極、懦弱。那些獲益的人，全都採取與不景氣對決的態度，而且能夠發現適合自己性格與個性的「脫出法」。

現在，就來分析如何渡過戰前、戰後不景氣狀況的脫出戰術，那些人如何在不景氣中開拓「財運」。

「投機業者」的名言集

最能反映時代經濟動盪的，就是投機事業的世界。有人一夜致富，有人一夜之間失去所有，自殺的悲劇不斷上演。

戰前的許多投機業者，生存在投機世界中，留下了很多對今日的我們而言，堪稱為前車之鑑的名言。

・知道時就已經結束了

這句話，在戰前的投機業界非常流行，意思是說——一旦當你知道時，事情都已經終結了。

股票市場常會有一些謠傳，不論是好是壞，多數投資人都會做出反應、採取行動，這時你可以做出與他們完全相反的決定，來從事股票的投資。例如：許多人都注意到休閒產業，認為「這行可以賺錢！」這時，就表示休閒產業已經到達最後的界限，沒有進一步獲益的可能性。

股票界名人，曾根啓介先生曾說過一個故事。

曾根在戰時曾被派到沖繩，連日來，在美軍的空襲攻擊下，日軍受到很大的打擊。有一天，當曾根在小山丘上休息時，發現美軍似乎正準備發動攻擊，他目擊一整團日軍在機槍掃射之下，幾乎全數毀滅。仔細一看，發覺有兩、三人，朝著與大部份逃竄的軍人相反的方向跑，結果，他們並未被敵機發現，而得以活命。事實上，很多人都認爲安全的地方，常伴隨著危險出現。

曾根先生由當時的體驗，而掌握了買賣股票的訣竅。

「必須警戒的是，當人心雷同時、當許多人高喊著好運到來時，也往往是惡運即將來臨的時刻。

別人不買的股票可以儘量的購買，當別人開始購買連日上漲的股票時，就要趕緊賣出了。」（今井又治郎）

・直覺不對時要儘早放棄，如果猜中，要有耐心持續下去

許多人認爲自己先前的失敗，是因爲直覺錯誤，所以一心想要彌補損失，反而陷入膠著狀態之中。在賭博和投機業界，人們非常重視運氣以及直覺。運氣不佳時做什麼都不會順利，愈是想要彌補損失，反而會愈陷愈深，損失更大。

事後調查他們失敗的原因，發現這樣的情形非常多，而且愈是優秀、具有才能的人，愈容易犯這樣的錯。當自己的直覺不準確，運氣不好時，只認爲是暫時的倒楣，但事實上卻是許多不利條件累積的結果。

首先，可能是分析狀況時過於偏重某一方面，或是身體情況不良，或者是預測時掉以輕心等等因素。很多失敗的原因都在自身，一旦失敗，沒有回頭再去重新考量，一意堅持下去的結果，很容易遭受同樣的打擊。在與失敗同樣的條件下，以同樣的想法去考慮，當然無法產生好的靈感與構想，這時應該要儘早「放棄」，以減低損害，問題只在於有沒有放棄的勇氣而已。

「投機事業不能過於堅持己見，光是拼命的想賺錢，有可能因固執己見而失敗。」

例如：棉花現在的交易行情爲三五〇圓，於是有人在下跌至三〇〇圓時購買，沒想到後來價格跌到二五〇圓，雖然預測不準，但是卻繼續購買想要彌補損失，因而拉長了戰線。

也就是說陷入了膠著戰中，好的一方面來說是堅持自己的信念，事實上，這是過於固執己見的表現，有可能是造成錯誤的原因。此時應趕緊放棄，等待下一次出手的機會，才能減少損失。（川村治三郎）

•機會只有一年一次，或兩年才會出現一次

投機事業最重要的就是如何掌握機會，而且這個機會不是每天都會出現的。成功或失敗的重要分界點，就在於掌握機會的方式。幸運女神對任何人都很公平的展露微笑，有人沒有察覺到機會而錯失先機，但是，有人卻能將些微的機會，做百分之百的運用，因而獲得成功。

戰前投機業者認爲，機會一年只有一次，或兩年才會出現一次，因此，有些人爲了預測這難得出現的機會，進行各種研究與調查。以科學方法研究的福澤桃介先生，由明治時期至大正時期，一直都非常活躍，身爲慶應大學創始者福澤諭吉的女婿，實踐了自己獨特的投機哲學。

他的哲學中，有一項是「要注意三年一度的景氣大波瀾」，眞正懂得竅門的投機業者，都必須對此加以研究，才能掌握成功的契機。

此外，很多人也認爲「不可以全年無休止的從事投機事業，那會使你無法掌握眞正的局勢，在春、秋季時，只要正確的預測一次就足夠了，如果沒有機會，千萬不要勉強，要休養。」（小島兼太郎）

在明治時期非常有名的勝海舟先生，雖非投機業者，也有以下的說法：

「上漲的行情有下跌的時候，下跌的行情也有回升的時候，這起落的時刻最長也不過十年，因此，當自己的行情下滑時，一定要忍耐。若能熬過這行情起伏的十年，才是大豪傑。」

•重視妻子、重視土地、重視工作

明治時代的投機業者，甲州財閥三傑之一的雨宮敬次郎，一生經歷了多次的波瀾。他認爲能夠在投機事業獲得成功，就要重視以下三個要素：

「第一，重視妻子。夫妻和睦、互助合作，否則決不能成功，重視妻子爲家業繁昌的根本。」

「第二，重視土地。有許多人經常搬家，一年到頭不知搬了幾次，無法累積人脈，正是喪失信用的危機之一，必須警戒。」

「第三，重視工作。不要看到他人很賺錢，自己也想從事這樣的事業，如果不忍耐、努力，勤勉工作，做什麼都不可能成功。」

他的一生波瀾無數，賺過大錢，也曾遭慘敗，可說是起伏劇烈的人生。

•走在時代的前端

野村證券的座右銘中，有句「走在時代的前端」。

一九二〇年，日本銀行界首次設立證券部，正是由走在時代前端的家憲而產生的。

在投機業中也必須運用這樣的精神。在證券界活躍的人，也會注意其他行業的發展，能使劃時代的構想實際化。

昔日大商證券的重要幹部，高島陽一先生就是典型的例子。他是位經濟評論家，具有獨特的構想，經常發表獲益性很高的構想，在傳播界非常有名。十年前他就預測到休閒產業深具未來發展的可能性。

此外，對日本保齡球業頗有貢獻的大田晴男先生，曾經是報導股市新聞的記者，本身在證券市場也非常投入，在觀察股價與經濟變動的同時，也培養出能夠預測十年後發展的直覺及判斷力。

・賺錢只賺八分，剩下二分留給別人

玉塚證券的家憲中，有一條是：

「任何行業，不只是投機事業，做任何事情如果不留餘地給別人，就無法賺錢。」

對別人無益的構想，不太可能發展出對自己有利的工作。

這種想法，是富山的藥品商自昔日傳承下來的家憲的一部份。富山地方的廣貫堂，就有「用為先，利在後」的說法。另外，號稱京都第一的百貨店老鋪「大丸」，也有「義為先，利在後，才能繁榮」的家憲。

歷史悠久的老店，多有這樣的家憲。例如：白鷹造酒的家憲是：

「義為先、利在後，才能繁榮，絕對不要勉強，讓別人賺錢、自己也能賺錢。」

奈良的舊家土食家則認為：

「把能賺的錢留三分給別人賺。」也有這樣的說法。

C 新生意、工作的「關鍵」

會運用幸運的人，以及不會運用幸運的人

每個人所擁有的幸運關鍵是同等的，只是許多人不懂得掌握、運用。

例如：郵局送錯郵件時，有的人會很生氣，有的人卻從其中得到靈感，而開創了新的事業。世界著名的郵購公司西亞茲·洛巴特，其創始者便是由送錯的郵件而得到成立公司的構想。

此外，美國的鋼鐵大王卡內基，喜歡以自己的經驗發表人生的感言（一八三五～一九一五），曾說：「每個人都會遇到機會，只是有人不知如何運用而已。」

卡內基三十三歲時，在匹茲堡成立了鋼鐵工廠，幾年後又創立了美國最大的鋼鐵公司。當時，南北戰爭剛結束不久，人們多尚未有創設新事業的想法，卡內基卻毅然以實力運用時機，設立了鋼鐵工廠。

證諸以上種種開創新事業的案例，即可明白正如開頭所說的，運用「關鍵」的四點原則而產生的。

在廁所收集情報的市村清

理光前社長市村清先生，有很多獨特的趣聞。

大戰結束後，他正考慮將銀座的食品店「三愛」改變經營其他的行業。

有一天，他在某家百貨公司的男用洗手間內，聽到隔壁女用洗手間傳來的談話聲及笑聲，比起男士這邊安靜的空間，女用洗手間對女士們而言，有如沙龍，連一些隱私的事情都可在化妝室談論。

他突然有了一個非常新奇的構想，那就是在廁所內進行市場調查。派女工讀生到各大公司、百貨大樓內，調查剛進入社會的年輕女性，到底想從事何種性質的工作，想擁有多少薪水……等事項，女性化妝室是個絕佳的調查地點。

由此獲得的情報，他將三愛食品店改爲服飾專售店，非常的成功。

從努力中得到靈感的江崎利一

「吃一顆可以跑三〇〇公尺」，利用這種宣傳文字，加上精美的紅色包裝，因而一躍成名的GLYCO。它的誕生，也是由於一個「關鍵」發揮了作用。

一九九一年江崎利一拜訪九州地區的有明海，看到當地的漁夫正在煮剛撈起來的牡蠣，香味四溢，讓他想起以前曾經聽人說過「牡蠣中含有豐富的肝醣」。

可大量捕撈的牡蠣，能不能發展成新行業呢？於是他向別人要了點新鮮的煮汁，拿回去分析，發現不僅含有肝醣，還有很多的鐵。可以提供衰弱的兒童們需要的體力及養分。他把它們做成像糖一樣的東西，而不是藥，使兒童們更容易接受、喜愛，這就是GLYCO誕生的關鍵。

由此例可以提高對四種原則的感受，而掌握創立新事業的「關鍵」。

D 利用符咒掌握關鍵

符咒的四種心理

現在在經營者及推銷員之間，漸漸掀起「符咒」的風潮，深受年輕人喜愛的符咒，在競爭激烈的社會中，似乎很能掌握陷入苦戰的經營者，以及推銷員的心理。

觀察各界成功人士的生活方式，發現許多掌握機會的人，都能夠了解自己好運的時機。但是，問題在於當惡運出現時，要如何戰勝它呢？以往人們爲了改變惡劣的命運，做過各種嘗試。當不幸的事情一再發生，或是討厭的情況接二連三，或在開始新工作時，就可以利用「符咒」。

帶來幸運的符咒，是利用人類的四種心理的力量而發揮作用的。

(1)同化作用（類似法則）

認爲類似的東西就具有同樣力量的心理。例如：認爲生飲蝮蛇血就能擁有元氣的人，心裡覺得「喝了血，自己就像蝮蛇一樣強壯」，即爲類似法則。

(2)暗示作用

聽到有人利用「符咒」而得到圓滿結果，便認爲自己如果做同樣的事情，也會有順利的發展，而產生一種相信「符咒」的心理。此外，如果過去所做的事情，進展非常順利，會認爲就算再重做一次，仍然可以有相同美好的結果，這也是同樣的心理。

(3)普遍無意識作用

看到血就害怕，對夜晚覺得畏懼，這是所有人共通具有的原始心理，雖然沒有人敎導，但是，人類先天上的潛在意識，便可發揮作用。例如：當我們看到「圓形」的圖型時，心情會覺得平靜；看到海時，心情非常穩定，這些感覺都與此類似。

(4)傳染作用（接觸法則）

如果自己擁有和他人相同的東西，如隨身攜帶的物品、或經常配戴的飾物等，會覺得和他具有很深的關連。例如：和自己喜歡的人有同樣的髮型，就好像擁有他似的，這是同樣的心理狀態。以前，人們若想詛咒殺害自己討厭的人時，會把他的指甲或頭髮放在火中燒，或燒他常用的東西。

符咒的感覺，正是以這四種心理作用，對人產生莫大的影響。

「符咒」的形式，大致可區分爲以下三種：

①伴隨動作與手勢出現。

②以語言的形態發生。

③以圖形、文字或形態來表現。

藉著重複的動作改變自己的心情，使自己的願望能夠達成的「符咒」有很多。做一些以往不會去做的事情，來改變自己的心情，例如：解決問題的一種方法——「轉換構想」，正是此種心理狀況的運用。爲了轉換構想，可能會利用以往不會做的動作、手勢，而產生新的構想，心情也隨之轉變。

此外，符咒也經常使用獨特的言語。好像有些人藉著唱卡拉ＯＫ而使心情放鬆一樣，利用語言的發生來消除焦躁。符咒的語言，幾乎都是宗教上所謂的「誦經」，不僅容易發聲，而且有很多能使心情穩定的「音」。

符咒也經常使用特殊的圖形或文字，像寺廟中常使用的符，上面所描繪的圖文就是其中的一種，將它做成裝飾品配戴在身上，便成了「護身符」。

「吉祥物」也是符咒的一種

許多名人都有其獨特的吉祥物或符咒，尤其大部份的職棒選手，都頗在意吉祥物的問題。前巨人隊的天才選手長嶋，每當打擊陷入低潮時，便喜歡使用他人的球棒揮出長打，將之視爲吉祥物，在棒球的發源地——美國，也常有這樣的情況出現。

棒球選手多半都很迷信。其中一項廣爲人知的例子就是認爲——空桶意味著安打。載著空桶的馬車，對棒球選手而言，實在是最好的幸運標幟。

巨人隊在名教練馬格洛的指揮之下，曾經非常的出色。

有一段時間，巨人隊全體陷入了打擊不振的低潮中，他們嘗試過各種方法，像轉動帽子、混用球棒，或者是培養健步如飛的技巧，結果都無法脫離這場夢魘。

一天下午，兩三名選手興奮的跑進來說：「我們看到載著空桶的馬車經過，今天一定能將低潮一掃而空。」

果然，當天選手們都恢復了信心，再次展現猛烈的攻擊。隔天，又有兩三名選手看到了空桶；再過了一天，同樣的情況又出現，一天一天……持續了一週，每天都看到載著空桶的馬車，由球隊前面經過，選手們認爲是好兆頭，因此連續打敗了對方。

幾天之後，一名穿著骯髒工作服的男子來找馬格洛，他正好不在，於是這名男子很生氣的說道：「那麼你們付錢吧！要我一整個禮拜每天都用馬車載著空桶經過這裡，難道我一毛錢也拿不到嗎？你們現在就付錢！」相信各位已經了解爲什麼職棒選手們這麼在意符咒了，畢竟，職業棒球並非單憑「實力」就能決定勝負。

出身美國職棒大聯盟的荷馬，在日本出賽時陸續擊出全壘打，照這樣情況，在球季結束時，很有可能達到一〇〇支全壘打的記錄，但是，事情不如預期中的順利。職棒的世界是由運氣以及實力所支配的，因而，想藉助「符咒」或「吉祥物」帶來好運，是很可以理解的期待。

愈是超級明星，愈在意吉祥物，雖然有的選手口頭上會否認這一點，但是，如果一直處於低潮期，也可能會到廟裡去祈求神佛保佑，希望能帶來好運。

初次拜訪公司行號或住家，想要得到好感並非簡單的事情。對方開門時，可能是一臉厭惡的表情，甚至有時按門鈴也得不到任何反應。初次拜訪，最初的二分鐘是重要的關鍵，有趣的是，一旦被拒絕，很多人就會認為不管到任何一家都會遭到同樣的待遇。

雖然，挨家挨戶的推銷拜訪是極為辛苦的職業，但成功的推銷員仍會下工夫尋找自己喜歡的「符咒」。

服裝的顏色或持有物的符咒

打開門時，第一印象的好壞多半是由對方的服裝而來，初次見面如果無法產生好感，也常是因為不欣賞對方的穿著。並不是一定要穿高級的服飾，能夠帶來好運的服裝，注重顏色、樣式、香味整體的平衡，大多可以產生「符咒」效果。美國心理學家莫洛伊曾發表「成功服飾」的著作，說明可增強好運的服飾。

例如：不論男女，只要衣服的一部份使用白色，都有加強第一印象的效果，尤其對生意人或政治家更能產生好的影響。

想要傳達心情時所使用的符咒

常會遇到沒有辦法把想說的話直接對眼前的人表達出來的窘況，當你正焦急時，對方已經離去了，這時，符咒就能發揮威力。

首先，凝視對方的眼睛，然後將左腳尖靜靜的朝向對方，右腳與左腳呈直角相交，用對方聽不到的聲音暗唸咒語，依對象的不同，咒語也要以下面的方式分別使用：

▼當對方突然想離去時

「張三回來！張三回來！」

▼對對方抱持好感，一見鍾情時

「你的心是屬於我的，我的心是屬於你的。」

▼有事請求對方時

「你是我的力量，你是我的勇氣。」

默默凝視對方，眼神的威力超乎想像之外，衆人皆知眨眼是戀愛的象徵，兩人見面時，眼睛也具有傳達心意的作用。

有棒球魔術師之稱的二原先生，在比賽中，每當遇到只要一支安打便能扭轉頹勢的情況下，他會以注視選手的眼睛，憑對方的反應來挑選代打。用眼睛傳達自己的訊息以及暗示，選擇在他的注視下，會回瞪回來的選手，而放棄會逃避注視的選手。通常，他所選擇的代打都能獲得成功。

持續失敗時有效的符咒

持續失敗、或不斷出錯時，爲了轉換心情、振奮幹勁，必須要給身體一點刺激。

如果一直重複以往所做的事情，可能會犯下同樣的錯誤。雖然不斷告訴自己要加油，但身體卻無法發揮作用。這時，在歐美盛行「敲打」（Knock－On）的符咒，也就是去敲打在附近的「木頭」。

不管是桌子也好，窗框也好，只要是木製的就用力敲打，他們相信可以藉著敲打產生幹勁、帶來好運。政治家們在發表重大演說時，常會用力敲打桌面，像英國的名相溫士敦·邱吉爾，便頗好此道。

可以敲打的不只是木頭而已，拳擊手在出賽前，常會以右手握拳，敲打攤開的左手掌，此外，把手指拗得劈啪作響，也是能夠轉換心情的動作之一。

在人前感到羞怯時所利用的咒語

在衆人面前演說，或處於非常的狀態下，不論是任何人，通常都會因爲緊張而無法把話說清楚。這時，唸一些咒語，可以有意外的效果。

巨人隊的王牌投手桑田，在ＰＬ學園及淸原都非常活躍，他有個奇妙的習慣——當他站在投手板上時，口中常唸唸有詞，周圍的人都不知道他到底在唸什麼，有人說他唸的是ＰＬ教團的咒語。

運動選手中，有很多人像桑田一樣，創出獨特的、能使自己心情平靜的方法。例如：在洛杉磯奧運中，爲日本奪得金牌的體操選手具志堅，比賽前便反覆唸著咒語。

當你覺得焦躁，或是壓力昇高時，常會胡思亂想。這時想得愈多、愈無法發揮實力，要使一切歸零、暫停思考的方法之一，就是唸咒語。可以像桑田一樣，「星星好美啊！」、「媽媽呀！」、「來吧！男孩」等等，唸些毫無意義的的話語。

第四章

得到好運的「關鍵」

A 了解月亮，掌握好運

「月亮」與「好運」的關係

有工作的人常會感到幸運與倒楣的日子交替出現。如果一大早就遇到討厭的事情，可能會覺得一整天都不順；相反的，如果有一天發生了什麼好事，就覺得一整天好運都圍繞在身邊。從事推銷工作的人，可能是對這種好運最爲敏感的一群。

這好運的「規律」與「月亮」有很深的關係。月亮的陰晴圓缺的變化，以及人心或好運的「規律」，這其中似乎有著莫大的關連。

英語中的狂人「Lunatic」，其語意來自於月亮，有一種迷信流傳著——當月相混亂時，人的精神也會隨之狂亂。

十八世紀時，甚至有法院將殺人犯的罪刑輕判的案例，理由是其行爲乃是受了滿月的影響所致。

最近，對人類性格與身體健康相關的心理學、以及醫學研究非常盛行。根據美國醫學及氣象學的研究結果顯示，滿月對人的性格或氣質，有某種程度的影響。據說，自殺及放火都和滿月有關。

災害、事故與月相有奇妙的一致性

一九八二年二月九日，日本航空史上著名的羽田海灘事件，傷亡慘重。事故發生的原因，據說，並非是單純的機械操縱錯誤，機長本身的精神障礙，才是引發事件的關鍵，因而使得大衆傳播界掀起軒然巨波。

空難的同一天，有個偶然的巧合。事後調查結果，發現一九八二年二月九日的月齡剛好十六天，正是滿月過後的第二天清晨。戰後日本發生的十大空難事件中，有半數都發生在滿月的前後時期，發生在新月時有三件，上弦月時一件，除去這些有強力影響的時期，只發生了一件事故。

不只空難事件，調查日本戰後四十件重大事故，有二十四件發生於「滿月」或「新月」的前後時期，再進一步仔細研究，發現這些事故與災害之間，都有不可思議的巧合。

同時，在世界各地發生的重大災難，根據調查，也具有共通的特色。

衆人開始注意到——滿月、新月等月相的變化，對於氣象及火山活動有超乎想像的影響。我們很早就知道，月球的引力與海洋潮汐有很深的關連，如暴風雨的現象，和月亮脫離不了關係。一九八三年讀者文摘年鑑中記載著，歷史上最惡劣的暴風雨，都和月相有關。

有些暴風雨，容易發生在新月後一～三天內，或滿月後三～五日內，這些情況，世界各地都曾加以報導。此外，滿月時也容易產生電波障礙，關於這一點，對於人類而言仍然是個難解的謎。

近年來由於氣象衛星的發達，開始注意到月球對氣壓變化的影響。根據美國氣象學家的報告，在新月及滿月過後降下大雨的機率極高。

一九七〇年十一月十二日～十三日，史無前例的大風暴侵襲了東巴基斯坦，造成極為嚴重的生命財產損失，這天正是滿月。

由此可知，許多重大災害與月亮有深刻的關連，藉著研究月相的變化，進一步預測各種自然災害的發生及強度，甚至加以防範。

世界史上有名的大型地震，多集中發生在滿月、新月的前後時期，而發生在上弦月、下弦月日子的，也有不少案例。

著名的日本關東大地震，發生於一九二三年九月一日，正好是下弦月的日子。

一九七六年中國的唐山大地震，死者二十四萬人，輕重傷十六萬人，是發生在月齡二日的新月時期。另外，一九七五年中國東北地方也發生了嚴重的地震，災情慘重，與關東大地震同樣是在下弦月的日子。

從以上的案例，可以發現「新月」、「滿月」、「上弦」、「下弦」等月形，當它們清楚的展現力相時?就會有很多地震發生。

菲律賓反對黨領袖艾奎諾的暗殺事件?震撼全球。艾氏在闊別祖國三年後，於一九八三年八月二十一日，搭乘台北中華航空公司的班機強行歸國，準備熱烈的展開反體制運動，不料，一下飛機就被擊中，他所恐懼的暗殺事件終成事實。

這天距離滿月只有二天，月齡十三日，正是須要注意的日子。

利用月齡別做事故、災害預測

①接近新月的日子

人們總是希望過著安全、穩定的生活，因此，要注意防範事故及災害的發生。尤其在新月的二天前或一天後，容易發生地震或水災，如果當天下雨，以後的一週內也會持續下雨。六、七月時，這種傾向更強。九月、十月時，在新月前後可能會出現颱風。

②新月與上弦月的中間時期

這段時期比較穩定，地震等自然災害也比較少，在此之前的惡劣天候，很可能轉晴，或產生較大的變化。

③接近上弦月的日子

尤其要特別注意上弦月當天及前一日，很容易發生火山爆發，或與「火」有關的事故，像火災、森林大火等，因此要小心火燭。

④上弦與滿月中間的日子

屬於天候和自然界現象較爲穩定的時期，可能會出現輕微的地震或風雨，但不會發展爲大災害。

⑤接近滿月的日子

這是在一個月內最需要注意的期間，依季節的不同，容易引起各種災害或事故，尤其是地震、颱風、水災、火災等，較無法預料的災害。如果在此之前沒有什麼重大事故的話，更要格外留心、嚴加防範。

⑥滿月與下弦月的中間時期

穩定期，此時地震等自然災害最少，如果想進行長時間的旅行，這時出發最爲合適。

⑦接近下弦月的日子

在日本或東南亞，這個時期發生大災害的例子很多。如水災以及都市的災害也很大，尤其是地震與颱風，在下弦月的前一天要特別小心。

⑧下弦月與新月的中間時期

一月中最穩定的時期，一切都很平靜，天候恢復正常、氣象安定。

利用天候性格學了解好運

所謂「天候性格學」，即是天候與人類的關係，很早以前，法國的心理學家們便開始進行研究。

其中最有名的是哥克朗博士，他將生活與心理學結合，持續嶄新的研究。

「某些人對天候的變化，反應非常敏感；而有些人則幾乎不會去注意天候的問題」。

對天候變化較冷感的人，可能也較難適應日常生活的變化。詩人、畫家、小說家等感覺敏銳的藝術工作者，如哥德、普魯斯特、尼采等人，他們大多以身體直接受自然界、天候的考驗，將身體感受到的痛苦或舒適，抒發成心靈上的感動，比起一般人，他們是較有反應的一群。

英國的某位學者，發表對輾壓工廠勞工所進行的調查，結果顯示工作效率與氣溫變化有很大的關連。天氣炎熱時，效率低，天氣涼爽穩定時，效率高。有趣的是，勞工個人之間也有差異，有的人很容易受天氣的影響，有的人則對天氣反應遲鈍。

近來，「天候性格學」更進一步研究——體型及外觀和天候之間的關連及其反應。並將之區分爲對天候敏感的「天候型人」，以及反應遲緩的「非天候型人」兩種。

對天候會產生敏感反應型

可細分爲三種型態。「寒敏感人」——對「寒」特別敏感，一旦天冷就無效率可言。「暑敏感人」——對寒渾不在意，但是，只要天氣一熱就受不了。「完全天候人」——不論寒暑，反應一樣敏銳。

這三種人，在工作、人際關係的態度上等各方面，都會產生不同的反應。

①寒敏感人

一旦寒冷時，關節疼痛、食欲不振、睡不好、腰酸背痛等症狀，統統出籠。可以回顧冬天的日常生活，做自我診斷。在飛機上，立刻向空中小姐要毛氈的人，就是典型的寒敏感人。

在冷氣房中，經常無法工作，喜歡購買保暖的禦寒衣物，性格內向，習慣獨處，不愛與人交際，個性冷淡。一般而言額頭較寬、手腳長，臉頰削瘦，身材修長，略帶憂鬱，受到打擊要再重新站起，須費一段時間。

這型人一旦手腳冰冷，思考也較不靈活，若想發揮體力，必須注意保暖。

美國總統林肯、芥川龍之介、川端康成及日本前首相福田等都是屬於「寒敏感人」。

他們在春天、夏天的思考力，比冬天時要高，工作能力較強，覺得在冬天做什麼事，都很麻煩。

②暑敏感人

夏天容易流汗，在家中喜歡輕鬆、舒適的穿著，用餐或談話時，習慣脫下外套、掛在椅背上，討厭打領帶，屬於社交型，愛交際、熱鬧。一般而言，身材矮胖，圓型臉，在封閉的房間中會覺得悶熱，不喜歡待在狹窄的空間裡，搭飛機時容易汗流浹背。

最典型的代表是拿破崙，當要去征服寒冷的俄羅斯時，他一點也不在意。

暑敏感人在冬天或寒冷的地方，最能發揮實力，而且愛吃、愛講話，大多無法靜靜的待在那兒。

③完全天候人

這型的人最多，天氣太冷、太熱都覺得不舒服，在適當的氣溫中，較有工作效率。凡事不喜勉強、安全至上，喜歡穿制服，不願冒險，按既定的步調行事，懂得照顧自己，使自己儘量舒適，但做事較缺乏耐性，容易妥協。

四方型臉，身高普通，眼睛細小，下巴較寬，看起來非常穩重，已故日本前首相大平先生，就是這一型人。決不冒險、勉強行事，旁人無法了解其心思，通常不是衝鋒陷陣的第一人，而是深思熟慮的繼行者。

下決定前會經過仔細思考，多半是在體驗種種經歷後，才發現最適合自己性格的事情，是屬於嘗試錯誤型，而非意氣風發的青年才俊型。

以名言「身體語言」獨領風騷的著名評論家，朱利亞茲·福斯特，最近又發表了『天氣語言』這本書，再度引起各方關注。天候對人類的身、心有何影響？對人類的能力可以誘發到何種程度？書中都有詳細的調查與分析。

許多人在天氣晴朗時，一副生龍活虎的樣子；雨天時，則感覺懶散，提不起幹勁。

然而，另有些人在雨天時，創造思考能力特別靈活，格外有勁。

人也分為雨天型及晴天型兩種，要想充分發揮才能、個性，就必須考慮到自己對天氣的反應。

商界有所謂的「二、八」，是說二月及八月，景氣最差、生意最難做。從某種角度來看，也和「天候性格學」有關，二月是最冷、風最強的月份，而八月則是最熱、最不舒服的月份。

天候對戀愛和工作的結果，具有相當的影響。某位心理學家，對戀愛中的情侶做問卷調查，結果發現，雙方表明心跡，開始交往的日子，多半是「好天氣」；而在雨天或陰天約會的情侶，則容易發生爭執和糾紛。

天候改變時，商談技巧也不同

如何利用天候，使工作及人際關係更順利，對任何行業都是值得注意的一點。在雨天裡，如何使重要人物對你產生好感，談話順利進行。以下，以天候別加以探討：

①雨天的商談

服裝與形態——在會面時，淋濕的衣服、沾污的鞋子，會使對方感覺骯髒，所以，對雨衣及鞋子要特別留心。塑膠雨傘或穿雨衣，容易給人邋遢、幼稚的印象，應該避免。

心理效果——說話不急不緩、聲調適中，配合雨的聲音及氣氛，會有良好的效果。但是，雨天容易讓人心情憂鬱，所以態度要明朗，商品樣本以「紅」、「黃」二色最討喜。

建議——多花點時間、慢慢說服。

②悶熱日子的商談

服裝與形態——穿著稍微寬鬆的衣服，選擇吸汗功能佳的材質，以免汗流浹背不雅觀。還必須注意氣味，體味較強的人更應小心，香水、髮油不要太過濃烈，這些都是對方常會在意的地方。

建議——這是最難交談的時刻。儘量縮短談話時間，可以電話確認，以書面資料詳細說明。

不要引起對方的反感，避免批評或議論，即使自己是正確的，也要配合對方的步調。選擇涼爽的場所，如飯店大廳、盆栽較多，或有噴水池、可聽到水聲的地點。

③強風日子的商談

必須注意頭髮，尤其是頭皮較多的人，不要站在對方會看到的位置上；儘量以車子代步，即使距離很近。

B 看清時機，掌握好運

傍晚六點絕對不要打電話給家庭主婦

要掌握對方的心理，首先要站在對方的立場考慮事情。

有時，雖然出發點是很良善的，卻可能造成對方的負擔。例如：最近有許多年輕的推銷員，一味熱心工作，根本沒有考慮過對方的立場。即使只是一通電話，也應該想想對方此刻是否方便接電話，這才是提高人際關係的重要關鍵。

拜訪或電話推銷的時機不對，會引起對方的拒絕和不信任感。一位年輕、熱心的證券營業員，在充分了解股市交易行情的傍晚六時，打電話給各家庭、客戶，推介最佳交易訊息，但是，這個電話戰術卻完全失敗了。

站在他的立場，這固然是好消息，可是，對顧客而言，尤其是家庭主婦，傍晚六點正是最忙碌的時刻，忙著收拾、做家事、準備晚餐。

「怎麼這時候打電話來！眞是沒有常識。」很容易引起反應。

此外，依日子的不同，有適當與不適當的時期。以下爲各位叙述各行業最空閒的時刻；

關於日子的吉凶，將另行討論。

☆最空閒的時刻

魚店（一～三點，休假日除外）。

理髮院（星期五的九～十一點）。

美容師（星期一、四的十一～十三點）。

私人診所（九點以前，以及下午三點左右，星期天和例假日前後反而非常忙碌）。

社會家庭主婦（下旬的星期一、星期三的十一～十五點爲止）。

作家（上旬的十三～十七點）。

☆最忙碌的時刻

商店經營者（五號、十五號、二五號、三十號等日期又是週末的日子）。

計程車駕駛（二五號以後的下雨天）。

美容師（學校畢業典禮舉行的月份，開學典禮舉行的日子）。

銀行行員（五號、十號、二十號、二五號、三十的十四～十六點）。

牙科醫生（下班時間前後、春天特別忙碌）。

教師（考試季節後）。

日子的吉凶判斷並非迷信

沒有人會選擇在大凶的日子結婚，一流飯店的宴客廳，在結婚的黃道吉日，總是爆滿。

根據日本文部省所進行的「國民生活習慣」調查，七成以上的日本國民，對日子的吉凶都非常在意。依年齡別所分佈的比例如下：

年齡	介意	稍微介意	不介意
29歲以下	30.53%	39.82%	28.86%
30～39歲	31.99%	44.56%	23.14%
40～49歲	33.30%	45.20%	20.98%
50歲以上	39.50%	42.86%	17.64%

近年來，注意日子吉凶的人數，有略微增加的傾向。因此，從事推銷工作的人，對此種情況絕對不可忽視。

依日本文部省的調查，在日本人生活當中最具影響力者，依序列記如下：

受影響的比例

第1位　大安・佛滅——75.15%

第2位　家相——71．73％
第3位　厄年——60．64％
第4位　運勢判斷——56．52％
第5位　相合性——55．76％

由此可知，相當多人在意黃道吉日（大安）和凶日（佛滅）。在挑選結婚、事業開張的日子時，有八成的人會選擇吉日，而避開凶日。甚至，市面上的日曆若未加註吉凶，就無法暢銷。老練的推銷員，會事先查明拜訪日期的吉凶，在推銷員手冊上，也必定註明這一點。

對生活採取合理主義者，也許根本不在乎日子的吉凶，甚至認爲所謂的黃道吉日，是無聊的想法。

但是，無可否認的，生活中還是有一些合理判斷也無法解釋的盲點。即使是科技文明發達的美國，許多一流的旅館，都沒有「十三」號的房間，十三號多半是化妝室或置物間。

據說十三號星期五這天，搭機由紐約到南美去行旅行的人會減少。太平洋豪華客輪「威爾遜總統號」的頭等艙，沒有十三號房間。某家航空公司最新的噴射客機，座位號碼也跳過十三。中國人則避諱四。

類似的迷信還有很多。

另外，還傳說下雨天搬家會導致不幸。不論其眞實性，美國的運送公司，就爲了這個迷信而減少收入。在下雨天取消搬家的人，目前已將近五〇%。

生意人對日子吉凶的知識一定要稍加研究

與國人生活息息相關的吉日、凶日，有其歷史意義與根據。

日子的吉凶，總共分爲六種。判斷日運的「六曜星」，是從足利時代末期，由中國傳到日本的方法。明治六年以後，日本開始使用新的太陽曆，由於民間仍以舊曆爲主，便另外製做發行。江戶時期就未受重視的六曜，到此，堂堂登上舊曆之內。

舊曆正月與七月的朔日稱爲「先勝」，二月、八月的朔日稱爲「友引」，三月、九月的朔日稱爲「先負」，依序塡入六曜。從這個記錄法衍生而來的想法，也許並沒有合理的根據，但卻絕對有其普遍性存在。

六曜的個別意義如下：

先勝——遇到急事、有求於人，或是訴訟、勝負方面都屬大吉。另外的說法是「從八到暮六爲惡」，即午後爲凶。

友引——暗示失敗。夜晚以及黃昏小吉，白天爲凶，弔喪爲凶，宜嫁娶。

先負——不宜出，靜爲吉。上午爲凶，午後爲吉，此日應避免處理公家事務或急事。

佛滅——也稱物滅。容易遺失東西的凶日，不宜遷徙或開業，如果當天生病，會拖得很久。

大安——為大吉之日。宜搬遷、嫁娶、遠遊等，是黃道吉日。

赤口——赤口神會煩惱衆生。如果開始新事物，多會有阻礙，為凶。兩月交替的正午為吉，上午九時～下午三時為吉時。

六曜中，與生活最有關係的是佛滅與大安，雖依職業及地區的不同，有各種說法，但是，都相當的普及。

全國的葬儀社在友引這天，都非常清閒，據說，如果在當天舉行葬禮，會有人被拉去陪葬。因此，火葬場在友引日多半休假。

若從字面意思來看，則友引是提高人際關係的吉日，想要訪友或解決糾紛，這天是好日子，早晚為吉、正午為凶。

訴訟事件較適合在先勝這天進行，從文字的意義看來，先勝是個好預兆。

新店鋪開張，或新事物的起始點，多半會選擇大安日。

在赤口日，凡是與建築相關的行業，大部份都會休息，新的工程多會避開這天，恐有血光之災。

關於日子的吉凶問題，除以上所述，還有下列項目：

「三鄰亡」——不宜修建房屋或上樑，建築業者都會小心避開這一天。三鄰亡是由陰曆而來，正、四、七、十月爲「亥」日；在二、五、八、十一月則爲「寅」日；在三、六、九、十二月則是「午」日，並且會跟隨月亮而變動。在日本群馬地方稱此爲「地藏日」。據說，當天若接受他人的物品，就會遭到不幸。

「不成就日」——日曆上會出現「•」的記號，不適合開張新店或新工作的日子。

「一粒萬倍日」——在日曆上多寫成「萬倍日」，每月中會出現三天，是指金錢借貸或土地買賣可以獲利的日子。

這些日子吉凶的說法，爲生活添加了不少色彩。六曜中的大安、佛滅，在中國也有類似的情形。

在中國，有所謂的「小吉、突亡、大安、留連、速喜、赤口」，戰後時代在出征之時，會用以預卜吉凶。仔細探討這六日的吉凶，發現其中蘊含著人類行動的規律。

第一日　無須多想、積極的行動（上午做戰）→先勝

第二日　反省與計劃（上午、下午）→友引

第三日　等待對方反應（等到中午以前）→先負

第四日　讓頭腦休息→佛滅

第五日　什麼也不想，重新積極行動　→大安

第六日　讓身體休息、攝取養分　→赤口

這可說是戰國時代用以教導武將的生活訓，原本來自於六曜星的想法。據說，古代中國名將諸葛亮孔明就利用這六曜星。

但是，現在中國已不再使用六曜，香港、台灣地區的日曆也未加註日子的吉凶，他們利用更詳細分析、記錄吉凶的農民曆代替。

對於日子的吉凶，各位或許覺得沒有什麼根據，但它的確已成為一種習慣，不知不覺中，就會產生一種趨吉避凶的心理。

許多中小企業的經營者，對日子的吉凶非常在意，常會查閱日曆來確定是否有利交易。日本名古屋、大阪的經營者，這種傾向特別明顯，對生意會產生重要的作用。

以職業別而言，不動產業、證券、紡織業關係行業、歌舞伎、茶道、花道等，此種傾向較強。因此，推銷員在拜訪之前必須先確認一番。以年齡來區分，則五十歲以上的人佔壓倒性多數，在以下的時間拜訪他們，效果較好：

- 上午訪問較好（友引、先勝、大安日）。
- 正午訪問較好（赤口、大安日）。
- 下午訪問較好（友引、先負、大安日）。

對於非常在意吉凶日的人，在佛滅、赤口（正午除外）時拜訪，當然是不受歡迎的。

C 取回失去好運的「關鍵」

改變心靈規律脫離低潮

每個人都有情緒低潮的時候，狀況良好時，使什麼都會成功，倒楣的時候，原本輕而易舉的事情，也可能馬前失蹄。成功的業務員，除了懂得在工作上發揮技巧，也深諳脫離低潮的方法。

(1)遭人嫌惡，不受人喜愛時

覺得別人討厭與自己交談，不受上司重視，和同事之間合不來，好不容易建立關係的客戶也失去了，不知該怎麼辦，有這些問題的人不少。受不受人歡迎的最主要差別，多半在於個人態度及動作上的細節，而非性格問題。

人類有一種「模仿心理」，當你輕咳或皺眉時，別人不知不覺中會受到感染。

坐在車上交疊雙臂時，正對面的人也開始雙臂交疊；當你的手撐住臉頰或脖子時，對方在無意中也會變換同樣的動作；當你露出笑容時，對方自然也會報以微笑；充滿活力的向對方打招呼，他也會以明朗的態度對應。

你對別人採取怎樣的態度，對方就會以同樣的態度回報你。

要博取他人的好感，先要對他人產生好感。

(2)無法與人交談

很多人都覺得自己不懂談話的技巧，或不好意思主動與人交談。有的人花錢去參加座談課程，嘗試由學習交談的方式以改變性格。事實上，只要一點小小的構想，即使對方是陌生人，也能很自然、順利的交談。

在坐位上談話時，不要面對面，採取斜向的姿勢，因爲直接正對面，有時可能會太過在意對方的表情，使雙方無法坦然的交談。

尤其是較內向的人，話題較少，當雙方陷入沈默的僵局中時，採斜向的坐姿較不覺得尷尬，談話較容易持續下去。最近，心理醫生也開始以這種方式諮詢病人，可見有其效果存在。

活用小型錄音機，錄下談話的內容，可以當作反省、改進的依據——「當時，我這麼說實在很好」，「這麼說，對方大概不了解我的意思」。這種方式比較容易引起與人交談的興趣，覺得是件快樂的事情，性格也會開朗起來。

(3)對工作缺乏耐性時

看到他人賺錢好似很輕鬆，覺得自己這麼辛苦，卻沒有相同的回報，因此，會想轉換工作，或陷入低潮。培養對工作的耐性，改變容易厭倦的性格，最好的方法就是埋頭苦幹，全心投入目前的工作中。

對工作缺乏耐心的根本問題，在於無法貫注熱情在自己的工作之上，討厭它的潛在意識作祟。

解決的方法之一，可以在紙上列出想從事的工作或生意，再仔細盤算，在這些項目工作成爲專家，需要多少時間，想以之獲得豐厚利潤，又需要多少努力。

再回頭想想目前的工作，別人來做這分工作，需要多少時間，要到達你目前的狀態，又需要多少的努力。

和他人相比較，你還是處於有利的位置上。與其從零開始，不如堅持下去，秉持著剛開始作這份工作的努力，定能有所收穫，重新產生對工作的熱情。

(4)焦躁憤怒時

凡人非神。依心情的起伏，總有生氣、發怒之時，可能因此會破壞你與親友之間的關係，或失去重要的客戶，所以，如何控制自己的情緒，是培養良好人際關係的關鍵課題。

感覺心情焦躁時，以前的人們會告訴你「從一慢慢數到十」，來控制自己的情緒。

美國的推銷員訓練課程，有一種利用鏡子的自我鍛鍊法。當心情煩悶生氣時，要比平常花更多的時間，仔細化妝、整理頭髮，使情緒平復下來。

若是男性，則站在鏡子前面，緩緩收縮下巴、深呼吸，凝視鏡中自己的臉，達到放鬆表情的目的。

曾任丸善公司社長的司先生，二十年來，在早上對員工訓示之前，都會凝視鏡中的自己，使心情平靜下來。

照鏡子不只是爲了妝扮自己，對改善情緒也有其心理效果。某方面來說，的確具有神奇的力量。

有家書店經常發生書籍被偷的情形，用過許多防範的方法都無法奏效，從來，在店員的提議之下，四處裝設鏡子，連書架上也不例外。

這只是個非常單純的做法，然而偷書的情形卻顯著減少了。想偷書時，在鏡中看到自己的臉，會產生強烈的心理緊張感，可能因而失去犯罪的勇氣。

有經驗的推銷員在與重要客戶會面前，都會利用隨身攜帶的小手鏡，審視自己的儀容，改善情緒。

(5)辛苦性、擔心性

現今的社會瞬息萬變，各種自然的、人爲的災害不斷發生，造成生活的壓力，性格急躁、緊張的人容易精神衰弱，應該如何去除性格上的辛苦性、擔心性？有下列幾個重點。

首先，將注意力傾注於目前正在做的事情中，或將來必須做的項目上，不要試著一次解決所有的問題，那只會使你更加混亂、不安。列出自己必須完成的全部事項，檢查優先順序，一次處理一件。

再來，依事情的輕重緩急，加以編號、依序解決，每完成一件，就用紅筆刪除一件。養成這種習慣後，就能從中發現處理事物的脈絡與構想。人是曖昧的動物，一旦去除曖昧的煩惱，做事有條不紊，對容易勞累、緊張的性格，自然有相當的助益。

利用「祈禱」的性格改造法

許多人十分努力的想改造自己的心性，往往都遭到失敗。原因在於只注重內在的力量，想以「心」去改變「心」，而忽略了外在的因素，例如：所處的環境與外貌。

害羞內向的人，可藉由外表和服裝，踏出改造自己的第一步。而習慣打領帶的人，可以考慮放棄領帶，使自己的心情開放，接受新事物。

瑜伽和坐禪也是一種方法，利用全然不同的運動轉換心情。習慣直立的人，試著倒立看看，做一些平常不會想去做的動作，感覺與心情一定會不一樣。這是一種使肉體狀態改變的自我改造法。

想要改變日常生活型態與環境，「興趣」和「祈禱」，是頗具效果的工具。發掘日常生活中的趣味，培養自己的興趣，是改變性格與心情的途徑之一。

「祈禱」也是有效的自我改造法，國人一向少有祈禱的習慣。

不論信仰任何宗教，養成雙手合十，祈禱瞑想的習慣，一天一回，這是改變心理的良好自我暗示法。

一、口中吟唸經典或座右銘。

二、雙手合掌，坐禪瞑想。

以此兩種方式祈禱，更能加強心理效果。

心中所想的事情一定能實現

馬茲洛認爲——人類要展現更好的自我行動、實現自我，必須要擁有「巔峰經驗」。

如果對最幸福的狀況、最滿足的狀況、最神秘的狀況，都已有所體驗，或正努力體驗，就能夠達成自我實現。

很多人還沒開始就先放棄。總認爲自己沒有才能，缺乏毅力。他們忽略了只要秉持著勇氣和信念，努力展現行動，就會有超乎想像的力量與成果。

雙手十指交握，伸出食指，稍微張開，凝視兩指之間，慢慢將兩指合在一起。然後，凝視兩指之間，口中唸著——手指不會粘在一起，不會粘在一起。人的努力就是同樣的情形。

人心是易變的，常因一點小事而喜、怒。由先前的小試驗可以了解，當心中的想望增加時，會自然的朝向那個方向前進。如果缺乏信心，做什麼都不順利。與人交往也是如此，如果一開始就抱持成見，彼此對對方都不會有好感。但是，如果你面帶微笑、態度爽朗，兩人都會輕鬆起來。

每個人難免都會遇到煩惱、悲傷的事情，或遭人誤解，但是，只要保持開朗的信念，一定可以轉悲爲喜、逢凶化吉。畢竟最重要的，就是自己的心。

大展出版社有限公司	圖書目錄
地址：台北市北投區11204 致遠一路二段12巷1號 郵撥： 0166955～1	電話：(02) 8236031 8236033 傳眞：(02) 8272069

・法律專欄連載・電腦編號58

台大法學院 法律學系／策劃
法律服務社／編著

①別讓您的權利睡著了[1]		200元
②別讓您的權利睡著了[2]		200元

・秘傳占卜系列・電腦編號14

①手相術	淺野八郎著	150元
②人相術	淺野八郎著	150元
③西洋占星術	淺野八郎著	150元
④中國神奇占卜	淺野八郎著	150元
⑤夢判斷	淺野八郎著	150元
⑥前世、來世占卜	淺野八郎著	150元
⑦法國式血型學	淺野八郎著	150元
⑧靈感、符咒學	淺野八郎著	150元

・趣味心理講座・電腦編號15

①性格測驗1	探索男與女	淺野八郎著	140元
②性格測驗2	透視人心奧秘	淺野八郎著	140元
③性格測驗3	發現陌生的自己	淺野八郎著	140元
④性格測驗4	發現你的真面目	淺野八郎著	140元
⑤性格測驗5	讓你們吃驚	淺野八郎著	140元
⑥性格測驗6	洞穿心理盲點	淺野八郎著	140元
⑦性格測驗7	探索對方心理	淺野八郎著	140元
⑧性格測驗8	由吃認識自己	淺野八郎著	140元
⑨性格測驗9	戀愛知多少	淺野八郎著	140元
⑩性格測驗10	由裝扮瞭解人心	淺野八郎著	140元
⑪性格測驗11	敲開內心玄機	淺野八郎著	140元
⑫性格測驗12	透視你的未來	淺野八郎著	140元
⑬血型與你的一生		淺野八郎著	140元

⑭趣味推理遊戲	淺野八郎著	140元

•婦 幼 天 地•電腦編號 16

①八萬人減肥成果	黃靜香譯	150元
②三分鐘減肥體操	楊鴻儒譯	130元
③窈窕淑女美髮秘訣	柯素娥譯	130元
④使妳更迷人	成　玉譯	130元
⑤女性的更年期	官舒妍編譯	130元
⑥胎內育兒法	李玉瓊編譯	120元
⑦早產兒袋鼠式護理	唐岱蘭譯	200元
⑧初次懷孕與生產	婦幼天地編譯組	180元
⑨初次育兒12個月	婦幼天地編譯組	180元
⑩斷乳食與幼兒食	婦幼天地編譯組	180元
⑪培養幼兒能力與性向	婦幼天地編譯組	180元
⑫培養幼兒創造力的玩具與遊戲	婦幼天地編譯組	180元
⑬幼兒的症狀與疾病	婦幼天地編譯組	180元
⑭腿部苗條健美法	婦幼天地編譯組	150元
⑮女性腰痛別忽視	婦幼天地編譯組	150元
⑯舒展身心體操術	李玉瓊編譯	130元
⑰三分鐘臉部體操	趙薇妮著	120元
⑱生動的笑容表情術	趙薇妮著	120元
⑲心曠神怡減肥法	川津祐介著	130元
⑳內衣使妳更美麗	陳玄茹譯	130元
㉑瑜伽美姿美容	黃靜香編著	150元
㉒高雅女性裝扮學	陳珮玲譯	180元
㉓蠶糞肌膚美顏法	坂梨秀子著	160元
㉔認識妳的身體	李玉瓊譯	160元

•青 春 天 地•電腦編號 17

①A血型與星座	柯素娥編譯	120元
②B血型與星座	柯素娥編譯	120元
③O血型與星座	柯素娥編譯	120元
④AB血型與星座	柯素娥編譯	120元
⑤青春期性教室	呂貴嵐編譯	130元
⑥事半功倍讀書法	王毅希編譯	130元
⑦難解數學破題	宋釗宜編譯	130元
⑧速算解題技巧	宋釗宜編譯	130元
⑨小論文寫作秘訣	林顯茂編譯	120元
⑩視力恢復！超速讀術	江錦雲譯	130元

⑪中學生野外遊戲	熊谷康編著	120元
⑫恐怖極短篇	柯素娥編譯	130元
⑬恐怖夜話	小毛驢編譯	130元
⑭恐怖幽默短篇	小毛驢編譯	120元
⑮黑色幽默短篇	小毛驢編譯	120元
⑯靈異怪談	小毛驢編譯	130元
⑰錯覺遊戲	小毛驢編譯	130元
⑱整人遊戲	小毛驢編譯	120元
⑲有趣的超常識	柯素娥編譯	130元
⑳哦！原來如此	林慶旺編譯	130元
㉑趣味競賽100種	劉名揚編譯	120元
㉒數學謎題入門	宋釗宜編譯	150元
㉓數學謎題解析	宋釗宜編譯	150元
㉔透視男女心理	林慶旺編譯	120元
㉕少女情懷的自白	李桂蘭編譯	120元
㉖由兄弟姊妹看命運	李玉瓊編譯	130元
㉗趣味的科學魔術	林慶旺編譯	150元
㉘趣味的心理實驗室	李燕玲編譯	150元
㉙愛與性心理測驗	小毛驢編譯	130元
㉚刑案推理解謎	小毛驢編譯	130元
㉛偵探常識推理	小毛驢編譯	130元
㉜偵探常識解謎	小毛驢編譯	130元
㉝偵探推理遊戲	小毛驢編譯	130元
㉞趣味的超魔術	廖玉山編著	150元
㉟趣味的珍奇發明	柯素娥編著	150元

•健 康 天 地• 電腦編號 18

①壓力的預防與治療	柯素娥編譯	130元
②超科學氣的魔力	柯素娥編譯	130元
③尿療法治病的神奇	中尾良一著	130元
④鐵證如山的尿療法奇蹟	廖玉山譯	120元
⑤一日斷食健康法	葉慈容編譯	120元
⑥胃部強健法	陳炳崑譯	120元
⑦癌症早期檢查法	廖松濤譯	130元
⑧老人痴呆症防止法	柯素娥編譯	130元
⑨松葉汁健康飲料	陳麗芬編譯	130元
⑩揉肚臍健康法	永井秋夫著	150元
⑪過勞死、猝死的預防	卓秀貞編譯	130元
⑫高血壓治療與飲食	藤山順豐著	150元
⑬老人看護指南	柯素娥編譯	150元

⑭美容外科淺談	楊啟宏著	150元
⑮美容外科新境界	楊啟宏著	150元
⑯鹽是天然的醫生	西英司郎著	140元
⑰年輕十歲不是夢	梁瑞麟譯	200元
⑱茶料理治百病	桑野和民著	180元
⑲綠茶治病寶典	桑野和民著	150元
⑳杜仲茶養顏減肥法	西田博著	150元
㉑蜂膠驚人療效	瀨長良三郎著	160元
㉒蜂膠治百病	瀨長良三郎著	元

•實用女性學講座• 電腦編號 19

①解讀女性內心世界	島田一男著	150元
②塑造成熟的女性	島田一男著	150元

•校 園 系 列• 電腦編號 20

①讀書集中術	多湖輝著	150元
②應考的訣竅	多湖輝著	150元
③輕鬆讀書贏得聯考	多湖輝著	150元
④讀書記憶秘訣	多湖輝著	150元

•實用心理學講座• 電腦編號 21

①拆穿欺騙伎倆	多湖輝著	140元
②創造好構想	多湖輝著	140元
③面對面心理術	多湖輝著	140元
④僞裝心理術	多湖輝著	140元
⑤透視人性弱點	多湖輝著	140元
⑥自我表現術	多湖輝著	150元
⑦不可思議的人性心理	多湖輝著	150元
⑧催眠術入門	多湖輝著	150元
⑨責罵部屬的藝術	多湖輝著	150元
⑩精神力	多湖輝著	150元
⑪厚黑說服術	多湖輝著	150元
⑫集中力	多湖輝著	150元

•超現實心理講座• 電腦編號 22

①超意識覺醒法	詹蔚芬編譯	130元
②護摩秘法與人生	劉名揚編譯	130元

③秘法！超級仙術入門	陸　明譯	150元
④給地球人的訊息	柯素娥編著	150元
⑤密教的神通力	劉名揚編著	130元
⑥神秘奇妙的世界	平川陽一著	180元

・養生保健・電腦編號23

①醫療養生氣功	黃孝寬著	250元
②中國氣功圖譜	余功保著	230元
③少林醫療氣功精粹	井玉蘭著	250元
④龍形實用氣功	吳大才等著	220元
⑤魚戲增視強身氣功	宮　嬰著	220元
⑥嚴新氣功	前新培金著	250元
⑦道家玄牝氣功	張　章著	元
⑧仙家秘傳袪病功	李遠國著	元

・心靈雅集・電腦編號00

①禪言佛語看人生	松濤弘道著	180元
②禪密教的奧秘	葉逯謙譯	120元
③觀音大法力	田口日勝著	120元
④觀音法力的大功德	田口日勝著	120元
⑤達摩禪106智慧	劉華亭編譯	150元
⑥有趣的佛教研究	葉逯謙編譯	120元
⑦夢的開運法	蕭京凌譯	130元
⑧禪學智慧	柯素娥編譯	130元
⑨女性佛教入門	許俐萍譯	110元
⑩佛像小百科	心靈雅集編譯組	130元
⑪佛教小百科趣談	心靈雅集編譯組	120元
⑫佛教小百科漫談	心靈雅集編譯組	150元
⑬佛教知識小百科	心靈雅集編譯組	150元
⑭佛學名言智慧	松濤弘道著	180元
⑮釋迦名言智慧	松濤弘道著	180元
⑯活人禪	平田精耕著	120元
⑰坐禪入門	柯素娥編譯	120元
⑱現代禪悟	柯素娥編譯	130元
⑲道元禪師語錄	心靈雅集編譯組	130元
⑳佛學經典指南	心靈雅集編譯組	130元
㉑何謂「生」　阿含經	心靈雅集編譯組	150元
㉒一切皆空　般若心經	心靈雅集編譯組	150元
㉓超越迷惘　法句經	心靈雅集編譯組	130元

㉔開拓宇宙觀　華嚴經	心靈雅集編譯組	130元
㉕真實之道　法華經	心靈雅集編譯組	130元
㉖自由自在　涅槃經	心靈雅集編譯組	130元
㉗沈默的教示　維摩經	心靈雅集編譯組	150元
㉘開通心眼　佛語佛戒	心靈雅集編譯組	130元
㉙揭秘寶庫　密教經典	心靈雅集編譯組	130元
㉚坐禪與養生	廖松濤譯	110元
㉛釋尊十戒	柯素娥編譯	120元
㉜佛法與神通	劉欣如編著	120元
㉝悟（正法眼藏的世界）	柯素娥編譯	120元
㉞只管打坐	劉欣如編譯	120元
㉟喬答摩・佛陀傳	劉欣如編著	120元
㊱唐玄奘留學記	劉欣如編譯	120元
㊲佛教的人生觀	劉欣如編譯	110元
㊳無門關（上卷）	心靈雅集編譯組	150元
㊴無門關（下卷）	心靈雅集編譯組	150元
㊵業的思想	劉欣如編著	130元
㊶佛法難學嗎	劉欣如著	140元
㊷佛法實用嗎	劉欣如著	140元
㊸佛法殊勝嗎	劉欣如著	140元
㊹因果報應法則	李常傳編	140元
㊺佛教醫學的奧秘	劉欣如編著	150元
㊻紅塵絕唱	海　若著	130元
㊼佛教生活風情	洪丕謨、姜玉珍著	220元
㊽行住坐臥有佛法	劉欣如著	160元
㊾起心動念是佛法	劉欣如著	160元

•經營管理• 電腦編號 01

◎創新經營六十六大計（精）	蔡弘文編	780元
①如何獲取生意情報	蘇燕謀譯	110元
②經濟常識問答	蘇燕謀譯	130元
③股票致富68秘訣	簡文祥譯	100元
④台灣商戰風雲錄	陳中雄著	120元
⑤推銷大王秘錄	原一平著	100元
⑥新創意・賺大錢	王家成譯	90元
⑦工廠管理新手法	琪　輝著	120元
⑧奇蹟推銷術	蘇燕謀譯	100元
⑨經營參謀	柯順隆譯	120元
⑩美國實業24小時	柯順隆譯	80元
⑪撼動人心的推銷法	原一平著	120元

⑫高竿經營法	蔡弘文編	120元
⑬如何掌握顧客	柯順隆譯	150元
⑭一等一賺錢策略	蔡弘文編	120元
⑯成功經營妙方	鐘文訓著	120元
⑰一流的管理	蔡弘文編	150元
⑱外國人看中韓經濟	劉華亭譯	150元
⑲企業不良幹部群相	琪輝編著	120元
⑳突破商場人際學	林振輝編著	90元
㉑無中生有術	琪輝編著	140元
㉒如何使女人打開錢包	林振輝編著	100元
㉓操縱上司術	邑井操著	90元
㉔小公司經營策略	王嘉誠著	100元
㉕成功的會議技巧	鐘文訓編譯	100元
㉖新時代老闆學	黃柏松編著	100元
㉗如何創造商場智囊團	林振輝編譯	150元
㉘十分鐘推銷術	林振輝編譯	120元
㉙五分鐘育才	黃柏松編譯	100元
㉚成功商場戰術	陸明編譯	100元
㉛商場談話技巧	劉華亭編譯	120元
㉜企業帝王學	鐘文訓譯	90元
㉝自我經濟學	廖松濤編譯	100元
㉞一流的經營	陶田生編著	120元
㉟女性職員管理術	王昭國編譯	120元
㊱ＩＢＭ的人事管理	鐘文訓編譯	150元
㊲現代電腦常識	王昭國編譯	150元
㊳電腦管理的危機	鐘文訓編譯	120元
㊴如何發揮廣告效果	王昭國編譯	150元
㊵最新管理技巧	王昭國編譯	150元
㊶一流推銷術	廖松濤編譯	120元
㊷包裝與促銷技巧	王昭國編譯	130元
㊸企業王國指揮塔	松下幸之助著	120元
㊹企業精銳兵團	松下幸之助著	120元
㊺企業人事管理	松下幸之助著	100元
㊻華僑經商致富術	廖松濤編譯	130元
㊼豐田式銷售技巧	廖松濤編譯	120元
㊽如何掌握銷售技巧	王昭國編著	130元
㊿洞燭機先的經營	鐘文訓編譯	150元
52新世紀的服務業	鐘文訓編譯	100元
53成功的領導者	廖松濤編譯	120元
54女推銷員成功術	李玉瓊編譯	130元
55ＩＢＭ人才培育術	鐘文訓編譯	100元

㊻企業人自我突破法	黃琪輝編著	150元
㊽財富開發術	蔡弘文編著	130元
㊾成功的店舖設計	鐘文訓編著	150元
㊿企管回春法	蔡弘文編著	130元
62小企業經營指南	鐘文訓編譯	100元
63商場致勝名言	鐘文訓編譯	150元
64迎接商業新時代	廖松濤編譯	100元
66新手股票投資入門	何朝乾 編	180元
67上揚股與下跌股	何朝乾編譯	180元
68股票速成學	何朝乾編譯	180元
69理財與股票投資策略	黃俊豪編著	180元
70黃金投資策略	黃俊豪編著	180元
71厚黑管理學	廖松濤編譯	180元
72股市致勝格言	呂梅莎編譯	180元
73透視西武集團	林谷燁編譯	150元
76巡迴行銷術	陳蒼杰譯	150元
77推銷的魔術	王嘉誠譯	120元
7860秒指導部屬	周蓮芬編譯	150元
79精銳女推銷員特訓	李玉瓊編譯	130元
80企劃、提案、報告圖表的技巧	鄭　汶　譯	180元
81海外不動產投資	許達守編譯	150元
82八百件的世界策略	李玉瓊譯	150元
83服務業品質管理	吳宜芬譯	180元
84零庫存銷售	黃東謙編譯	150元
85三分鐘推銷管理	劉名揚編譯	150元
86推銷大王奮鬥史	原一平著	150元
87豐田汽車的生產管理	林谷燁編譯	150元

•成功寶庫•電腦編號02

①上班族交際術	江森滋著	100元
②拍馬屁訣竅	廖玉山編譯	110元
④聽話的藝術	歐陽輝編譯	110元
⑨求職轉業成功術	陳　義編著	110元
⑩上班族禮儀	廖玉山編著	120元
⑪接近心理學	李玉瓊編著	100元
⑫創造自信的新人生	廖松濤編著	120元
⑭上班族如何出人頭地	廖松濤編著	100元
⑮神奇瞬間瞑想法	廖松濤編譯	100元
⑯人生成功之鑰	楊意苓編著	150元
⑱潛在心理術	多湖輝　著	100元

⑲給企業人的諍言	鐘文訓編著	120元
⑳企業家自律訓練法	陳　義編譯	100元
㉑上班族妖怪學	廖松濤編著	100元
㉒猶太人縱橫世界的奇蹟	孟佑政編著	110元
㉓訪問推銷術	黃静香編著	130元
㉕你是上班族中強者	嚴思圖編著	100元
㉖向失敗挑戰	黃静香編著	100元
㉙機智應對術	李玉瓊編著	130元
㉚成功頓悟100則	蕭京凌編譯	130元
㉛掌握好運100則	蕭京凌編譯	110元
㉜知性幽默	李玉瓊編譯	130元
㉝熟記對方絕招	黃静香編譯	100元
㉞男性成功秘訣	陳蒼杰編譯	130元
㊱業務員成功秘方	李玉瓊編著	120元
㊲察言觀色的技巧	劉華亭編著	130元
㊳一流領導力	施義彥編譯	120元
㊴一流說服力	李玉瓊編著	130元
㊵30秒鐘推銷術	廖松濤編譯	120元
㊶猶太成功商法	周蓮芬編譯	120元
㊷尖端時代行銷策略	陳蒼杰編著	100元
㊸顧客管理學	廖松濤編著	100元
㊹如何使對方說Yes	程　羲編著	150元
㊺如何提高工作效率	劉華亭編著	150元
㊼上班族口才學	楊鴻儒譯	120元
㊽上班族新鮮人須知	程　羲編著	120元
㊾如何左右逢源	程　羲編著	130元
㊿語言的心理戰	多湖輝著	130元
51扣人心弦演說術	劉名揚編著	120元
53如何增進記憶力、集中力	廖松濤譯	130元
55性惡企業管理學	陳蒼杰譯	130元
56自我啟發200招	楊鴻儒編著	150元
57做個傑出女職員	劉名揚編著	130元
58靈活的集團營運術	楊鴻儒編著	120元
60個案研究活用法	楊鴻儒編著	130元
61企業教育訓練遊戲	楊鴻儒編著	120元
62管理者的智慧	程　義編譯	130元
63做個佼佼管理者	馬筱莉編譯	130元
64智慧型說話技巧	沈永嘉編譯	130元
66活用佛學於經營	松濤弘道著	150元
67活用禪學於企業	柯素娥編譯	130元
68詭辯的智慧	沈永嘉編譯	130元

⑹幽默詭辯術	廖玉山編譯	130元
⑺拿破崙智慧箴言	柯素娥編譯	130元
⑺自我培育・超越	蕭京凌編譯	150元
⑺深層心理術	多湖輝著	130元
⑺深層語言術	多湖輝著	130元
⑺時間即一切	沈永嘉編譯	130元
⑺自我脫胎換骨	柯素娥譯	150元
⑺贏在起跑點—人才培育鐵則	楊鴻儒編譯	150元
⑺做一枚活棋	李玉瓊編譯	130元
⑺面試成功戰略	柯素娥編譯	130元
⑺自我介紹與社交禮儀	柯素娥編譯	150元
⑻說NO的技巧	廖玉山編譯	130元
⑻瞬間攻破心防法	廖玉山編譯	120元
⑻改變一生的名言	李玉瓊編譯	130元
⑻性格性向創前程	楊鴻儒編譯	130元
⑻訪問行銷新竅門	廖玉山編譯	150元
⑻無所不達的推銷話術	李玉瓊編譯	150元

・處世智慧・電腦編號03

①如何改變你自己	陸明編譯	120元
②人性心理陷阱	多湖輝著	90元
④幽默說話術	林振輝編譯	120元
⑤讀書36計	黃柏松編譯	120元
⑥靈感成功術	譚繼山編譯	80元
⑧扭轉一生的五分鐘	黃柏松編譯	100元
⑨知人、知面、知其心	林振輝譯	110元
⑩現代人的詭計	林振輝譯	100元
⑫如何利用你的時間	蘇遠謀譯	80元
⑬口才必勝術	黃柏松編譯	120元
⑭女性的智慧	譚繼山編譯	90元
⑮如何突破孤獨	張文志編譯	80元
⑯人生的體驗	陸明編譯	80元
⑰微笑社交術	張芳明譯	90元
⑱幽默吹牛術	金子登著	90元
⑲攻心說服術	多湖輝著	100元
⑳當機立斷	陸明編譯	70元
㉑勝利者的戰略	宋恩臨編譯	80元
㉒如何交朋友	安紀芳編著	70元
㉓鬥智奇謀（諸葛孔明兵法）	陳炳崑著	70元
㉔慧心良言	亦　奇著	80元

㉕名家慧語	蔡逸鴻主編	90元
㉗稱霸者啟示金言	黃柏松編譯	90元
㉘如何發揮你的潛能	陸明編譯	90元
㉙女人身態語言學	李常傳譯	130元
㉚摸透女人心	張文志譯	90元
㉛現代戀愛秘訣	王家成譯	70元
㉜給女人的悄悄話	妮倩編譯	90元
㉞如何開拓快樂人生	陸明編譯	90元
㉟驚人時間活用法	鐘文訓譯	80元
㊱成功的捷徑	鐘文訓譯	70元
㊲幽默逗笑術	林振輝著	120元
㊳活用血型讀書法	陳炳崑譯	80元
㊴心　燈	葉于模著	100元
㊵當心受騙	林顯茂譯	90元
㊶心・體・命運	蘇燕謀譯	70元
㊷如何使頭腦更敏銳	陸明編譯	70元
㊸宮本武藏五輪書金言錄	宮本武藏著	100元
㊺勇者的智慧	黃柏松編譯	80元
㊼成熟的愛	林振輝譯	120元
㊽現代女性駕馭術	蔡德華著	90元
㊾禁忌遊戲	酒井潔著	90元
52摸透男人心	劉華亭編譯	80元
53如何達成願望	謝世輝著	90元
54創造奇蹟的「想念法」	謝世輝著	90元
55創造成功奇蹟	謝世輝著	90元
56男女幽默趣典	劉華亭譯	90元
57幻想與成功	廖松濤譯	80元
58反派角色的啟示	廖松濤編譯	70元
59現代女性須知	劉華亭編著	75元
61機智說話術	劉華亭編譯	100元
62如何突破內向	姜倩怡編譯	110元
64讀心術入門	王家成編譯	100元
65如何解除內心壓力	林美羽編著	110元
66取信於人的技巧	多湖輝著	110元
67如何培養堅強的自我	林美羽編著	90元
68自我能力的開拓	卓一凡編著	110元
70縱橫交涉術	嚴思圖編著	90元
71如何培養妳的魅力	劉文珊編著	90元
72魅力的力量	姜倩怡編著	90元
73金錢心理學	多湖輝著	100元
74語言的圈套	多湖輝著	110元

⑮個性膽怯者的成功術	廖松濤編譯	100元
⑯人性的光輝	文可式編著	90元
⑱驚人的速讀術	鐘文訓編譯	90元
⑲培養靈敏頭腦秘訣	廖玉山編著	90元
⑳夜晚心理術	鄭秀美編譯	80元
㉑如何做個成熟的女性	李玉瓊編著	80元
㉒現代女性成功術	劉文珊編著	90元
㉓成功說話技巧	梁惠珠編譯	100元
㉔人生的真諦	鐘文訓編譯	100元
㉕妳是人見人愛的女孩	廖松濤編著	120元
㉗指尖・頭腦體操	蕭京凌編譯	90元
㉘電話應對禮儀	蕭京凌編著	90元
㉙自我表現的威力	廖松濤編譯	100元
㉚名人名語啟示錄	喬家楓編著	100元
㉛男與女的哲思	程鐘梅編譯	110元
㉜靈思慧語	牧　風著	110元
㉝心靈夜語	牧　風著	100元
㉞激盪腦力訓練	廖松濤編譯	100元
㉟三分鐘頭腦活性法	廖玉山編譯	110元
㊱星期一的智慧	廖玉山編譯	100元
㊲溝通說服術	賴文琇編譯	100元
㊳超速讀超記憶法	廖松濤編譯	120元

・健康與美容・電腦編號 04

①B型肝炎預防與治療	曾慧琪譯	130元
③媚酒傳（中國王朝秘酒）	陸明主編	120元
④藥酒與健康果菜汁	成玉主編	150元
⑤中國回春健康術	蔡一藩著	100元
⑥奇蹟的斷食療法	蘇燕謀譯	110元
⑧健美食物法	陳炳崑譯	120元
⑨驚異的漢方療法	唐龍編著	90元
⑩不老強精食	唐龍編著	100元
⑪經脈美容法	月乃桂子著	90元
⑫五分鐘跳繩健身法	蘇明達譯	100元
⑬睡眠健康法	王家成譯	80元
⑭你就是名醫	張芳明譯	90元
⑮如何保護你的眼睛	蘇燕謀譯	70元
⑯自我指壓術	今井義晴著	120元
⑰室內身體鍛鍊法	陳炳崑譯	100元
⑲釋迦長壽健康法	譚繼山譯	90元

⑳腳部按摩健康法	譚繼山譯	120元
㉑自律健康法	蘇明達譯	90元
㉓身心保健座右銘	張仁福著	160元
㉔腦中風家庭看護與運動治療	林振輝譯	100元
㉕秘傳醫學人相術	成玉主編	120元
㉖導引術入門⑴治療慢性病	成玉主編	110元
㉗導引術入門⑵健康・美容	成玉主編	110元
㉘導引術入門⑶身心健康法	成玉主編	110元
㉙妙用靈藥・蘆薈	李常傳譯	90元
㉚萬病回春百科	吳通華著	150元
㉛初次懷孕的10個月	成玉編譯	100元
㉜中國秘傳氣功治百病	陳炳崑編譯	130元
㉞仙人成仙術	陸明編譯	100元
㉟仙人長生不老學	陸明編譯	100元
㊱釋迦秘傳米粒刺激法	鐘文訓譯	120元
㊲痔・治療與預防	陸明編譯	130元
㊳自我防身絕技	陳炳崑編譯	120元
㊴運動不足時疲勞消除法	廖松濤譯	110元
㊵三溫暖健康法	鐘文訓編譯	90元
㊷維他命C新效果	鐘文訓譯	90元
㊸維他命與健康	鐘文訓譯	150元
㊺森林浴—綠的健康法	劉華亭編譯	80元
㊼導引術入門⑷酒浴健康法	成玉主編	90元
㊽導引術入門⑸不老回春法	成玉主編	90元
㊾山白竹(劍竹)健康法	鐘文訓譯	90元
㊿解救你的心臟	鐘文訓編譯	100元
51牙齒保健法	廖玉山譯	90元
52超人氣功法	陸明編譯	110元
53超能力秘密開發法	廖松濤譯	80元
54借力的奇蹟⑴	力拔山著	100元
55借力的奇蹟⑵	力拔山著	100元
56五分鐘小睡健康法	呂添發撰	100元
57秃髮、白髮預防與治療	陳炳崑撰	120元
58吃出健康藥膳	劉大器著	100元
59艾草健康法	張汝明編譯	90元
60一分鐘健康診斷	蕭京凌編譯	90元
61念術入門	黃靜香編譯	90元
62念術健康法	黃靜香編譯	90元
63健身回春法	梁惠珠編譯	100元
64姿勢養生法	黃秀娟編譯	90元
65仙人瞑想法	鐘文訓譯	120元

⑯人蔘的神效	林慶旺譯	100元
⑰奇穴治百病	吳通華著	120元
⑱中國傳統健康法	靳海東著	100元
⑲下半身減肥法	納他夏・史達賓著	110元
⑳使妳的肌膚更亮麗	楊　皓編譯	100元
㉑酵素健康法	楊　皓編譯	120元
㉓腰痛預防與治療	五味雅吉著	100元
㉔如何預防心臟病・腦中風	譚定長等著	100元
㉕少女的生理秘密	蕭京凌譯	120元
㉖頭部按摩與針灸	楊鴻儒譯	100元
㉗雙極療術入門	林聖道著	100元
㉘氣功自療法	梁景蓮著	120元
㉙大蒜健康法	李玉瓊編譯	100元
㉚紅蘿蔔汁斷食療法	李玉瓊譯	120元
㉛健胸美容秘訣	黃靜香譯	100元
㉜鍺奇蹟療效	林宏儒譯	120元
㉝三分鐘健身運動	廖玉山譯	120元
㉞尿療法的奇蹟	廖玉山譯	120元
㉟神奇的聚積療法	廖玉山譯	120元
㊱預防運動傷害伸展體操	楊鴻儒編譯	120元
㊲糖尿病預防與治療	石莉涓譯	150元
㊳五日就能改變你	柯素娥譯	110元
㊴三分鐘氣功健康法	陳美華譯	120元
㊵痛風劇痛消除法	余昇凌譯	120元
㊶道家氣功術	早島正雄著	130元
㊷氣功減肥術	早島正雄著	120元
㊸超能力氣功法	柯素娥譯	130元
㊹氣的瞑想法	早島正雄著	120元

・家庭／生活・電腦編號05

①單身女郎生活經驗談	廖玉山編著	100元
②血型・人際關係	黃靜編著	120元
③血型・妻子	黃靜編著	110元
④血型・丈夫	廖玉山編譯	130元
⑤血型・升學考試	沈永嘉編譯	120元
⑥血型・臉型・愛情	鐘文訓編譯	120元
⑦現代社交須知	廖松濤編譯	100元
⑧簡易家庭按摩	鐘文訓編譯	150元
⑨圖解家庭看護	廖玉山編譯	120元
⑩生男育女隨心所欲	岡正基編著	120元

⑪家庭急救治療法	鐘文訓編著	100元
⑫新孕婦體操	林曉鐘譯	120元
⑬從食物改變個性	廖玉山編譯	100元
⑭藥草的自然療法	東城百合子著	200元
⑮糙米菜食與健康料理	東城百合子著	180元
⑯現代人的婚姻危機	黃　靜編著	90元
⑰親子遊戲　0歲	林慶旺編譯	100元
⑱親子遊戲　1～2歲	林慶旺編譯	110元
⑲親子遊戲　3歲	林慶旺編譯	100元
⑳女性醫學新知	林曉鐘編譯	130元
㉑媽媽與嬰兒	張汝明編譯	150元
㉒生活智慧百科	黃　靜編譯	100元
㉓手相・健康・你	林曉鐘編譯	120元
㉔菜食與健康	張汝明編譯	110元
㉕家庭素食料理	陳東達著	140元
㉖性能力活用秘法	米開・尼里著	130元
㉗兩性之間	林慶旺編譯	120元
㉘性感經穴健康法	蕭京凌編譯	110元
㉙幼兒推拿健康法	蕭京凌編譯	100元
㉚談中國料理	丁秀山編著	100元
㉛舌技入門	增田豐　著	130元
㉜預防癌症的飲食法	黃靜香編譯	150元
㉝性與健康寶典	黃靜香編譯	180元
㉞正確避孕法	蕭京凌編譯	130元
㉟吃的更漂亮美容食譜	楊萬里著	120元
㊱圖解交際舞速成	鐘文訓編譯	150元
㊲觀相導引術	沈永嘉譯	130元
㊳初為人母12個月	陳義譯	130元
㊴圖解麻將入門	顧安行編譯	130元
㊵麻將必勝秘訣	石利夫編譯	130元
㊶女性一生與漢方	蕭京凌編譯	100元
㊷家電的使用與修護	鐘文訓編譯	130元
㊸錯誤的家庭醫療法	鐘文訓編譯	100元
㊹簡易防身術	陳慧珍編譯	130元
㊺茶健康法	鐘文訓編譯	130元
㊻雞尾酒大全	劉雪卿譯	180元
㊼生活的藝術	沈永嘉編著	120元
㊽雜草雜果健康法	沈永嘉編著	120元
㊾如何選擇理想妻子	荒谷慈著	110元
㊿如何選擇理想丈夫	荒谷慈著	110元
(51)中國食與性的智慧	根本光人著	150元

㊼開運法話	陳宏男譯	100元
㊽禪語經典＜上＞	平田精耕著	150元
㊾禪語經典＜下＞	平田精耕著	150元
㊿手掌按摩健康法	鐘文訓譯	150元
56腳底按摩健康法	鐘文訓譯	150元
57仙道運氣健身法	高藤聰一郎著	150元
58健心、健體呼吸法	蕭京凌譯	120元
59自彊術入門	蕭京凌譯	120元
60指技入門	增田豐著	130元
61下半身鍛鍊法	增田豐著	180元
62表象式學舞法	黃靜香編譯	180元
63圖解家庭瑜伽	鐘文訓譯	130元
64食物治療寶典	黃靜香編譯	130元
65智障兒保育入門	楊鴻儒譯	130元
66自閉兒童指導入門	楊鴻儒譯	150元
67乳癌發現與治療	黃靜香譯	130元
68盆栽培養與欣賞	廖啟新編譯	150元
69世界手語入門	蕭京凌編譯	150元
70賽馬必勝法	李錦雀編譯	200元
71中藥健康粥	蕭京凌編譯	120元
72健康食品指南	劉文珊編譯	130元
73健康長壽飲食法	鐘文訓編譯	150元
74夜生活規則	增田豐著	120元
75自製家庭食品	鐘文訓編譯	180元
76仙道帝王招財術	廖玉山譯	130元
77「氣」的蓄財術	劉名揚譯	130元
78佛教健康法入門	劉名揚譯	130元
79男女健康醫學	郭汝蘭譯	150元
80成功的果樹培育法	張煌編譯	130元
81實用家庭菜園	孔翔儀編譯	130元
82氣與中國飲食法	柯素娥編譯	130元
83世界生活趣譚	林其英著	160元
84胎教二八〇天	鄭淑美譯	180元
85酒自己動手釀	柯素娥編著	160元

•命理與預言• 電腦編號 06

①星座算命術	張文志譯	120元
③圖解命運學	陸明編著	100元
④中國秘傳面相術	陳炳崑編著	110元
⑤輪迴法則（生命轉生的秘密）	五島勉著	80元

⑥命名彙典	水雲居士編著	100元
⑦簡明紫微斗術命運學	唐龍編著	130元
⑧住宅風水吉凶判斷法	琪輝編譯	120元
⑨鬼谷算命秘術	鬼谷子著	150元
⑫簡明四柱推命學	李常傳編譯	150元
⑭十二支命相學	王家成譯	80元
⑮啟示錄中的世界末日	蘇燕謀編譯	80元
⑯簡明易占學	黃小娥著	100元
⑰指紋算命學	邱夢蕾譯	90元
⑱樸克牌占卜入門	王家成譯	100元
⑲Ａ血型與十二生肖	鄒雲英編譯	90元
⑳Ｂ血型與十二生肖	鄒雲英編譯	90元
㉑Ｏ血型與十二生肖	鄒雲英編譯	100元
㉒ＡＢ血型與十二生肖	鄒雲英編譯	90元
㉓筆跡占卜學	周子敬著	120元
㉔神秘消失的人類	林達中譯	80元
㉕世界之謎與怪談	陳炳崑譯	80元
㉖符咒術入門	柳玉山人編	100元
㉗神奇的白符咒	柳玉山人編	160元
㉘神奇的紫符咒	柳玉山人編	120元
㉙秘咒魔法開運術	吳慧鈴編譯	180元
㉚中國式面相學入門	蕭京凌編著	90元
㉛改變命運的手相術	鐘文訓編著	120元
㉜黃帝手相占術	鮑黎明著	130元
㉝惡魔的咒法	杜美芳譯	150元
㉞脚相開運術	王瑞禎譯	130元
㉟面相開運術	許麗玲譯	150元
㊱房屋風水與運勢	邱震睿編譯	160元
㊲商店風水與運勢	邱震睿編譯	130元
㊳諸葛流天文遁甲	巫立華譯	150元
㊴聖帝五龍占術	廖玉山譯	180元
㊵萬能神算	張助馨編著	120元
㊶神祕的前世占卜	劉名揚譯	150元
㊷諸葛流奇門遁甲	巫立華譯	150元
㊸諸葛流四柱推命	巫立華譯	180元

•教養特輯•電腦編號 07

①管教子女絕招	多湖輝著	70元
⑤如何教育幼兒	林振輝譯	80元
⑥看圖學英文	陳炳崑編著	90元

⑦關心孩子的眼睛	陸明編	70元
⑧如何生育優秀下一代	邱夢蕾編著	100元
⑨父母如何與子女相處	安紀芳編譯	80元
⑩現代育兒指南	劉華亭編譯	90元
⑫如何培養自立的下一代	黃静香編譯	80元
⑬使用雙手增強腦力	沈永嘉編譯	70元
⑭教養孩子的母親暗示法	多湖輝著	90元
⑮奇蹟教養法	鐘文訓編譯	90元
⑯慈父嚴母的時代	多湖輝著	90元
⑰如何發現問題兒童的才智	林慶旺譯	100元
⑱再見！夜尿症	黃静香編譯	90元
⑲育兒新智慧	黃静編譯	90元
⑳長子培育術	劉華亭編譯	80元
㉑親子運動遊戲	蕭京凌編譯	90元
㉒一分鐘刺激會話法	鐘文訓編著	90元
㉓啟發孩子讀書的興趣	李玉瓊編著	100元
㉔如何使孩子更聰明	黃静編著	100元
㉕３・４歲育兒寶典	黃静香編譯	100元
㉖一對一教育法	林振輝編譯	100元
㉗母親的七大過失	鐘文訓編譯	100元
㉘幼兒才能開發測驗	蕭京凌編譯	100元
㉙教養孩子的智慧之眼	黃静香編譯	100元
㉚如何創造天才兒童	林振輝編譯	90元
㉛如何使孩子數學滿點	林明嬋編著	100元

・消遣特輯・電腦編號08

①小動物飼養秘訣	徐道政譯	120元
②狗的飼養與訓練	張文志譯	100元
③四季釣魚法	釣朋會編	120元
④鴿的飼養與訓練	林振輝譯	120元
⑤金魚飼養法	鐘文訓編譯	130元
⑥熱帶魚飼養法	鐘文訓編譯	180元
⑦有趣的科學（動腦時間）	蘇燕謀譯	70元
⑧妙事多多	金家驊編譯	80元
⑨有趣的性知識	蘇燕謀編譯	100元
⑩圖解攝影技巧	譚繼山編譯	220元
⑪100種小鳥養育法	譚繼山編譯	200元
⑫樸克牌遊戲與贏牌秘訣	林振輝編譯	120元
⑬遊戲與餘興節目	廖松濤編著	100元
⑭樸克牌魔術・算命・遊戲	林振輝編譯	100元

⑯世界怪動物之謎	王家成譯	90元
⑰有趣智商測驗	譚繼山譯	120元
⑲絕妙電話遊戲	開心俱樂部著	80元
⑳透視超能力	廖玉山譯	90元
㉑戶外登山野營	劉青篁編譯	90元
㉒測驗你的智力	蕭京凌編著	90元
㉓有趣數字遊戲	廖玉山編著	90元
㉔巴士旅行遊戲	陳羲編著	110元
㉕快樂的生活常識	林泰彥編著	90元
㉖室內室外遊戲	蕭京凌編著	110元
㉗神奇的火柴棒測驗術	廖玉山編著	100元
㉘醫學趣味問答	陸明編譯	90元
㉙樸克牌單人遊戲	周蓮芬編譯	100元
㉚靈驗樸克牌占卜	周蓮芬編譯	120元
㉜性趣無窮	蕭京凌編譯	110元
㉝歡樂遊戲手册	張汝明編譯	100元
㉞美國技藝大全	程玫立編譯	100元
㉟聚會即興表演	高育強編譯	90元
㊱恐怖幽默	幽默選集編譯組	120元
㊲兩性幽默	幽默選集編譯組	100元
㊹藝術家幽默	幽默選集編譯組	100元
㊺旅遊幽默	幽默選集編譯組	100元
㊻投機幽默	幽默選集編譯組	100元
㊼異色幽默	幽默選集編譯組	100元
㊽青春幽默	幽默選集編譯組	100元
㊾焦點幽默	幽默選集編譯組	100元
㊿政治幽默	幽默選集編譯組	130元
51美國式幽默	幽默選集編譯組	130元

•語文特輯•電腦編號09

①日本話1000句速成	王復華編著	30元
②美國話1000句速成	吳銘編著	30元
③美國話1000句速成　附卡帶		220元
④日本話1000句速成　附卡帶		220元
⑤簡明日本話速成	陳炳崑編著	90元

•武術特輯•電腦編號10

①陳式太極拳入門	馮志強編著	150元
②武式太極拳	郝少如編著	150元

③練功十八法入門	蕭京凌編著	120元
④教門長拳	蕭京凌編譯	150元
⑤跆拳道	蕭京凌編譯	150元
⑥正傳合氣道	程曉鈴譯	150元
⑦圖解雙節棍	陳銘遠著	150元
⑧格鬥空手道	鄭旭旭編著	180元
⑨實用跆拳道	陳國榮編著	180元
⑩武術初學指南	李文英、解守德編著	250元
⑪泰國拳	陳國榮著	180元
⑫中國式摔跤	黃　斌編著	180元
⑬太極劍入門	李德印編著	180元

•趣味益智百科•電腦編號 11

①宇宙和星辰的奧妙	林振輝譯	70元
②神奇魔術入門	陳炳崑譯	70元
③智商180訓練金頭腦	徐道政譯	90元
④趣味遊戲107入門	徐道政譯	60元
⑤漫畫入門	張芳明譯	70元
⑥氣象觀測入門	陳炳崑譯	50元
⑦圖解游泳入門	黃慶篤譯	80元
⑧野外露營指南	林振輝譯	60元
⑨少女派對入門	陳昱仁譯	70元
⑩簡易勞作入門	陳昱仁譯	70元
⑪手製玩具入門	趣味百科編譯組	80元
⑫圖解遊戲百科	趣味百科編譯組	70元
⑬奇妙火柴棒遊戲	趣味百科編譯組	70元
⑭奇妙手指遊戲	趣味百科編譯組	70元
⑮快樂的勞作—走	趣味百科編譯組	70元
⑯快樂的勞作—動	趣味百科編譯組	70元
⑰快樂的勞作—飛	趣味百科編譯組	70元
⑱不可思議的恐龍	趣味百科編譯組	70元
⑲不可思議的化石	趣味百科編譯組	70元
⑳偵探推理入門	趣味百科編譯組	70元
㉑愛與幸福占星術	趣味百科編譯組	70元

•神奇傳眞•電腦編號 12

①鬼故事	賴曉梅著	70元
②妖怪故事	賴曉梅著	70元
③鬼怪故事	周維潔著	70元

④神鬼怪談	周維潔著	60元
⑤中國神奇怪案	人亦奇著	70元
⑥中國奇情小說	周景雯著	75元

・作文、日記・電腦編號13

①國小實用作文（國語注音）	蔡森村編著	
②國小作文教室（國語注音）	蔡森村編著	50元
③國小生活日記（國語注音）	蔡森村編著	50元
④小老師（一年級作文精選）	蔡森村編著	120元
⑤國小看圖作文（國語注音）	柯振盛主編	80元
⑥國中作文教室	蔡森村編著	60元
⑦唐詩三百首（國語注音）25開		

國立中央圖書館出版品預行編目資料

創造關鍵術/淺野八郎著；沈清課譯
——初版——臺北市：大展，民84
面； 公分，——（社會人智囊；2）
譯自：「きつかけ」のつくり方
ISBN 957-557-496-6（平裝）

1.成功法

177.2 84000975

原書名：「きつかけ」のつくり方
原著作者：淺野八郎 ©Hachiro Asano 1989
原出版者：PHP研究所
版權仲介：京王文化事業有限公司

創造「關鍵」術 ISBN 957-557-496-6

原著者/淺野八郎
編譯者/沈 清 課
發行人/蔡 森 明
出版者/大展出版社有限公司
社址/台北市北投區（石牌）致遠一路2段12巷1號
電話/（02）8236031・8236033
傳眞/（02）8272069
郵政劃撥/0166955-1
登記證/局版臺業字第2171號

法律顧問/劉 鈞 男 律師
承印者/高星企業有限公司
裝訂/日新裝訂所
排版者/宏益電腦排版有限公司
電話/（02）5611592
初版/1995年（民84年）2月

定價/150元

大展好書 好書大展

大展好書 好書大展